¡Confía en mí!

¡Confía en mí!

Un recorrido de 360 grados por el concepto de confianza

Eduard Beltran

Plataforma
Editorial

Primera edición en esta colección: junio de 2024

© Eduard Beltran, 2024
© de la presente edición: Plataforma Editorial, 2024

Plataforma Editorial
c/ Muntaner, 269, entlo. 1.ª – 08021 Barcelona
Tel.: (+34) 93 494 79 99
www.plataformaeditorial.com
info@plataformaeditorial.com

Depósito legal: B 9758-2024
ISBN: 978-84-10243-27-9
IBIC: KJ

Printed in Spain – Impreso en España

Diseño de cubierta:
Pablo Nanclares

Realización de cubierta y fotocomposición:
Grafime

El papel que se ha utilizado para imprimir este libro proviene
de explotaciones forestales controladas, donde se respetan
los valores ecológicos, sociales y el desarrollo sostenible del bosque.

Impresión:
QP Print

Para mi hijo Teo:
deseo que puedas confiar en muchas personas
y que muchas personas confíen en ti.

Índice

Introducción: el porqué de este libro

Cuando alguien deposita su confianza en ti,
siempre estás en deuda con él.

TRUMAN CAPOTE (1924-1984)

La confianza es un concepto presente en casi todos los ámbitos de nuestra vida, pero es poco conocido, lo que puede parecer paradójico. De hecho, la confianza no se estudia en la escuela ni en la universidad, y las empresas rara vez tienen un responsable de confianza o un departamento de confianza (*chief trust officer*, CTO). Sin embargo, las consecuencias de la falta de confianza son evidentes para nuestras relaciones personales, para las empresas y, por supuesto, también para las autoridades públicas.

La confianza es un elemento clave para el éxito personal y profesional. Sin confianza no tenemos nada: ni amistad, ni amor, ni negocios. La confianza es un sentimiento que recorre nuestras vidas sin que necesariamente seamos conscientes de ello.

Cuando, siendo estudiantes, un profesor nos aconsejó tomar este camino en lugar de otro, nos acordamos de él años después. Cuando un superior nos muestra su confianza al principio de nuestra carrera, confirma nuestras decisiones sin darnos cuenta. Cuando un cliente vuelve a ponerse en contacto con nosotros para un nuevo proyecto, también es una cuestión de confianza. Son todos estos momentos los que marcan nuestras vidas y nos empujan hacia delante; es su confianza la que nos ha ayudado a construir nuestras vidas, nuestras carreras, nuestros éxitos.

Pero, al mismo tiempo, cuando perdemos la confianza de alguien o cuando alguien ya no confía en nosotros, la vida se detiene: no hay relación, no hay amistad, no hay amor y, probablemente, tampoco negocios.

La noción de confianza está, pues, en todas partes, y es una baza importante para las empresas, para las organizaciones e incluso para los individuos. Es una baza para el éxito en la vida, y las noticias están llenas de ejemplos del precio que hay que pagar por la ausencia de confianza.

En este libro, he optado por abordar la noción de confianza en todos los ámbitos, siguiendo mi experiencia de varios años sobre el terreno en el campo de la negociación y el liderazgo, y basándome en investigaciones más académicas, con obras de referencia de autores que ya han tratado el tema. El objetivo es popularizar el concepto y dotar de las herramientas necesarias a todos los profesionales que se enfrentan a este tipo de cuestiones, es decir, a todos quienes quieren inspirar confianza en sus interlocutores.

Este libro se dirige a todos los profesionales, ya sean de grandes grupos, directivos, *managers*, responsables operativos, profesiones liberales, periodistas, funcionarios…, en una palabra, a todos los profesionales a los que concierne la gestión de la confianza en sus relaciones personales o profesionales.

Propongo hacer un recorrido de 360 grados por la noción de confianza: qué es tenerla, qué es carecer de ella y cómo ganarla. Esto es muy útil para el mundo empresarial de hoy, pero sobre todo para el de mañana, porque la gente está cada vez más atenta a la idea de confianza. Hay una exigencia adicional, y estamos en el centro de una cuestión que afecta a todas las empresas y organizaciones públicas y privadas debido a las redes sociales y a las exigencias cada vez más fuertes de transparencia. La cuestión central es cómo inspirar y desarrollar la confianza.

Si encontramos la clave para inspirar esta confianza, tendremos la clave del éxito en las interacciones sociales, personales y profesionales.

¡Confía en mí!

I. ¿Cómo definir la confianza?

La mejor manera de saber si puedes confiar
en alguien es confiar en él.

ERNEST HEMINGWAY (1899-1961)

El origen etimológico de la palabra «confianza»

El origen etimológico de la palabra «confianza» lo encontramos en el latín: *confidentia*, que se forma a partir de dos términos: *con*, que significa 'con' o 'junto a', y *fidere*, que significa 'confiar' o 'creer'. Por lo tanto, «confianza» se refiere a la creencia o seguridad que se tiene en alguien o algo.

Por su origen etimológico, podemos aprender que la confianza implica la idea de estar «junto a» alguien o algo en el sentido de depositar nuestra fe, seguridad o credibilidad en esa persona o cosa. Es un acto de creer en la integridad, las habilidades o la honestidad de alguien, lo que puede conducir a un sentimiento de seguridad, tranquilidad y comodidad en las relaciones personales, laborales o sociales.

La confianza es una base fundamental para la construcción de relaciones sólidas y exitosas, tanto a nivel personal como profesional. Al depositar confianza en otros, mostramos nuestra disposición a creer en su palabra, cumplimiento de compromisos y buenas intenciones. Esta creencia mutua fomenta la cooperación, la colaboración y el trabajo en equipo, lo que puede llevar al logro de objetivos comunes.

Sin embargo, la confianza no se desarrolla de la noche a la mañana. Es un proceso gradual que se construye con el tiempo a través de experiencias positivas y demostraciones consistentes de confiabilidad. Al mismo tiempo, es frágil y puede romperse si se viola la integridad o si las promesas y expectativas se ven socavadas.

En resumen, la etimología de la palabra «confianza» nos enseña que es una cualidad esencial en las relaciones humanas, que se basa en creer y depositar la fe en otros. Al fomentar la confianza y demostrarla en nuestras acciones, podemos fortalecer nuestras relaciones y construir un entorno de cooperación y armonía.

Sin embargo, la confianza es un sentimiento individual, que nace como una oportunidad de entregarse al respeto de una persona o de otro ser vivo, institución o deidad para consolidarse, romperse o perderse. Es una herramienta capaz de convertirse en un valioso vehículo social, que se manifiesta desde el núcleo familiar.

En la misma línea, observamos la figura del confidente, a quien uno hace partícipe de sus mayores preocupaciones, reservas y alegrías, dada en la forma latina *confidens*.

¿Cómo definir la confianza?

En sociología y psicología social, la confianza es la creencia de que una persona o un grupo será capaz y estará dispuesto a actuar adecuadamente en una situación y con unos pensamientos determinados. La confianza, pues, se reforzará más o menos en función de las acciones y los valores. Según Laurence Cornu, «la confianza es una suposición sobre el comportamiento futuro del otro. Es una actitud que concierne al futuro en la medida en que este futuro depende de la acción de otro. Es una especie de apuesta que consiste en despreocuparse del no control del otro y del tiempo».[1] El poeta Wallace Steven sostiene, por su parte, que la confianza, como el arte, nunca da todas las respuestas, pero permite estar abierto a todas las preguntas.

La mayoría de las teorías de la confianza la definen como una suspensión temporal de la situación básica de incertidumbre sobre las acciones de nuestros interlocutores. Gracias a ella, es posible asumir cierto grado de regularidad y previsibilidad en las acciones sociales, lo que simplifica el funcionamiento de la sociedad. Esta explicación, típicamente funcionalista, corresponde a la orientación teórica de la mayoría de los autores que se han ocupado del tema. En la teoría estructural-funcionalista, la confianza suele considerarse la base de todas las instituciones y funciona como correlato y contraste del poder, consistente en la capacidad

---

1. Laurence Cornu, «Confiance dans les relations pédagogiques», *Le Télémaque*, n.º 13, mayo de 1998, pp. 111-112.

de influir en las acciones de los demás para obligarlos a ajustarse a las propias expectativas.

El término aplicado a una organización o empresa se refleja en función de varios factores, como la calidad con la que elabora sus productos y, por tanto, las evaluaciones de calidad, los códigos éticos y su cultura o entorno de trabajo, pero, sobre todo, se refleja en el *ethos* de la empresa, que define su carácter y las características que la distinguen de cualquier otra.

¿Qué es la confianza?

La psicología social y la sociología abordan el tema de la confianza de una forma bastante amplia, y explican que se trata de un tipo de sentimiento o creencia en uno mismo que permite al sujeto alcanzar diferentes objetivos, metas o situaciones. Ambas ciencias consideran el término como una suposición de base psicológica sobre el comportamiento de los seres humanos con los de su especie.

La certeza de creer en los demás puede reforzarse o reducirse en función de los acontecimientos que se produzcan en la vida del individuo. De hecho, se dice que, mientras haya confianza en uno mismo, cualquier sujeto puede conseguir cualquier cosa que se proponga. Esto se debe a la creencia y a la fe que uno posee, al sentimiento de autosuficiencia de uno mismo o al de las personas que lo rodean y al liderazgo que uno encarna.

Pero, además de la confianza en uno mismo, existe otro tipo de conceptualización del término: **el voto de confianza**, que se basa en la fe que uno tiene en una o varias personas de su entorno personal. El voto de confianza consiste, pues, en otorgar a otras personas el poder de llevar a cabo determinadas acciones, ya sean de amistad, de trabajo, etcétera. Esto es importante porque no todo el mundo se gana la voluntad o el afecto de un colaborador. Por ejemplo, el responsable de una empresa no compartirá información detallada sobre su negocio con todos sus empleados, siempre hay un trabajador de confianza en el que deposita, valga la redundancia, toda su confianza, porque ya existe un vínculo (ya sea de amistad o surgido a raíz del orgullo por el trabajo).

También es posible considerar la confianza como un valor, ya que el respeto y la sinceridad también están presentes en ella. La mayoría de las amistades se forjan gracias a la confianza, porque sin ella no hay una base estable para mantener la amistad.

Un ejemplo lo encontramos en las siguientes frases de confianza: «No me importa que hagas el ridículo delante de mí, tenemos bastante confianza y sé mucho de ti», «Puedes contarme todo lo que te pasa, por eso confiamos en ti. Tienes toda mi confianza». Estos ejemplos demuestran que la confianza puede reforzarse o debilitarse. Todo depende de la reacción de la otra persona.

Y es que las personas están dispuestas a decir o mostrar una parte de sí mismas a los sujetos que las rodean, pero, si ven el más mínimo signo de incomodidad o rechazo por su parte, entonces lo dejan de lado, y aparece así el antónimo del término: la desconfianza. Si alguien no confía demasiado en los demás, tiende a ser más reservado en muchos aspectos de su vida. Pero precisamente por eso se producen diálogos de confianza que estrechan lazos de amistad, de trabajo e incluso de amor.

También es posible referirse a la confianza en creencias más allá de lo físico, por ejemplo, en la religión o en los dioses en los que la gente deposita su fe. Muchos creyentes en el cristianismo o en el catolicismo mantienen fielmente su confianza en Dios, ya sea para que les traiga algo bueno o para que los saque de una situación arriesgada o incómoda.

El término, pues, hace referencia a la suspensión temporal o permanente de la incertidumbre que puede tener un sujeto sobre las intenciones o acciones de quienes lo rodean. En la amistad e incluso en el trabajo, el intervalo de confianza puede variar, de ahí la referencia a la suspensión temporal de las intenciones de los demás.

Por lo general, la confianza es la base de todas las relaciones existentes, y aumenta el positivismo en la humanidad y la seguridad en las relaciones de trabajo, amor y amistad. Y, como es evidente, la confianza también es un ingrediente fundamental en el liderazgo, la negociación y la comunicación.

Así pues, es muy deseable aprender a ser buenos líderes, tener buenas habilidades de comunicación y negociación, formar parte de equipos exitosos en la empresa donde trabajamos o en cualquier otra actividad que realicemos, pero, cuando estudiamos estas habilidades, sus características y requisitos, encontramos un ingrediente fundamental y común en todos los casos: la confianza.

Un buen líder debe generar confianza, la cual se desarrolla en la primera etapa de la formación de equipos. El *feedback*, por ejemplo, inspira confianza en la otra persona. Asimismo, para llevar a cabo una negociación con éxito, es necesario comenzar por establecer la confianza entre las partes. Pero, en este contexto, preguntémonos qué es la confianza.

Todos creemos saber lo que es la confianza, pues en más de una ocasión hemos confiado o desconfiado de alguien. Sin embargo, aunque ya tengamos una idea de la respuesta, no es tan fácil encontrar las palabras que la describan con exactitud.

A veces puede ser muy fácil confiar en alguien y otras veces sucede al revés. Y esto dependerá mucho de las personalidades de cada uno y de la situación o el entorno en el que se conozcan y se desenvuelvan.

John Maxwell, en su libro *Everyone Communicates, Few Connect* [Todo el mundo se comunica, pocos se conectan], explica la importancia de las relaciones y conexiones entre las personas para ser comunicadores eficaces y así aumentar también la propia influencia en los demás, y menciona tres aspectos:

- Preocuparse por los demás.
- Ayudar a los demás.
- Confiar en ellos (el aspecto más crítico).

Se trata, entonces, de ser merecedor de confianza, es decir, de ser capaz de irradiar confianza a los demás y de construir así relaciones más sólidas que potencien nuestras capacidades. Pero ¿y nosotros? ¿Debemos confiar siempre en los demás, en todos, o solo en algunos?

«Lo que me preocupa no es que me hayas mentido, sino que, de ahora en adelante, ya no podré creer en ti», dijo el filósofo alemán Friedrich Nietzsche.

Las personas que confían ciegamente en los demás sin pruebas suelen ser poco realistas y a menudo se decepcionan. En el otro extremo, quienes desalientan las relaciones personales por desconfianza suelen perder oportunidades.

El libro *Confianza inteligente*, de Stephen M. R. Covey y Greg Link, describe por qué las personas y las empresas necesitan restablecer la confianza como principio operativo básico y como filosofía de gestión. Según este libro, las relaciones y las culturas de confianza producen mayor «prosperidad, energía y alegría». La confianza inteligente es una combinación basada en la «tendencia a confiar», producto de la escucha con el corazón, y el «análisis», producto de la escucha con la mente. Asimismo, el libro también explica los cinco pasos para lograr una confianza inteligente:

- Paso 1: «Decide creer en la confianza».
- Paso 2: «Confianza en uno mismo: empieza por ti mismo».
- Paso 3: «Declara tus intenciones… y asume que las intenciones de los demás son positivas».

- Paso 4: «Haz lo que dijiste que harías».
- Paso 5: «Toma la iniciativa mostrando confianza en los demás».

Comprender y aplicar estos pasos puede ser una ruta efectiva para construir relaciones sólidas basadas en la confianza:

1. **Decide creer en la confianza.** En el inicio de este viaje, toma la decisión consciente de creer en la confianza como un elemento fundamental en tus relaciones. La confianza actúa como el cimiento sobre el cual se construyen conexiones fuertes.

2. **Confianza en uno mismo.** Empieza por ti mismo: antes de poder confiar en otros, es esencial tener confianza en ti mismo. Trabaja en desarrollar una autoconfianza sólida, reconociendo tus habilidades y creyendo en tu capacidad para cumplir tus promesas.

3. **Declara tus intenciones... y asume lo mejor de los demás.** En tus interacciones, comunica tus intenciones claramente. Al mismo tiempo, asume que las intenciones de los demás son positivas hasta que se demuestre lo contrario. Esta actitud fomenta un ambiente de buena voluntad y apertura.

4. **Haz lo que dijiste que harías.** La consistencia es clave para construir y mantener la confianza. Cumple tus compromisos y palabras. Cuando haces lo que prometiste, demuestras fiabilidad y responsabilidad.

5. **Toma la iniciativa mostrando confianza en los de-**

más. Finalmente, fomenta la confianza en los demás al mostrarles que confías en ellos. Delega responsabilidades, dales autonomía y permite que demuestren su valía. Esta muestra de confianza mutua fortalece lazos y promueve relaciones sólidas.

Siguiendo estos pasos, puedes cultivar un ambiente de confianza en tus relaciones personales y profesionales, y promover la cooperación, la colaboración y el crecimiento conjunto.

¿Cuál es el origen histórico de la confianza?

En su libro *Les historiens, la confiance et la question de la «modernité»*, Claire Judde de Larivière aborda la dimensión histórica de la confianza. Los términos «confiar», «confianza», pero también «fe», «fidelidad» o «encomendar» se refieren a la idea de tener fe en algo o en alguien, de ser fiel a esa fe. En el vocabulario político medieval, estas nociones están siempre estrechamente vinculadas, sobre todo debido a los fundamentos cristianos de la filosofía política medieval.

Pocas obras han logrado reconstruir la lenta génesis de la concepción moderna de la confianza. El periodo de la modernidad —cronológicamente situado entre los siglos XVI y XIX según los autores— marca una ruptura en la forma en que la confianza organiza y construye las sociedades. Las sociedades anteriores a la Edad Moderna se basaban en el interconocimiento y en las relaciones directas y sin intermediarios. Las sociedades antiguas y medievales eran, por tanto, sociedades a pequeña escala, en las que las personas se conocían y entablaban relaciones justamente por eso. Para simplificar el modelo: «Conozco a mi vecino, así que sé que puedo fiarme de él». De modo que la gente se trataba como vecinos, amigos, parientes y seres queridos, se unían, se casaban, socializaban y hacían negocios porque se conocían y confiaban los unos en los otros. Los lazos comunitarios eran fuertes, sobre todo en la Edad Media.

En las sociedades medievales se concedía gran importancia a la fama, a la reputación, que permitía evaluar el crédito social de los semejantes, en un complejo sistema basado en el honor y en juzgar a los iguales. Era lo que permitía entablar o no una relación, hacer o no negocios.

A partir del siglo xvi, el crecimiento demográfico fue tal que resultó imposible conocer a todo el mundo. Y, con ello, llegó la globalización del comercio y la expansión europea, lo que significó que ya no era posible hacer negocios solo entre amigos íntimos y vecinos, sino que era necesario recurrir a socios de otras comunidades, vecinas o lejanas. Esta nueva distancia entre las personas obligó a encontrar formas de garantizar la confianza, y fue también en esta época cuando nació el llamado Estado moderno, capaz de crear instituciones garantes de la confianza y los documentos que la acompañan (el nacimiento de los documentos de identidad, en particular).

El enfoque de la confianza según las distintas disciplinas

Aquí analizaremos las distintas definiciones de confianza desde varias perspectivas: psicológica, sociológica, filosófica y, por último, económica.

La confianza según la psicología

Es cierto que la psicología ha estudiado el fenómeno de la confianza, pero ha encontrado algunas dificultades para definirlo. Desde un punto de vista psicológico, la confianza puede entenderse como el hecho de que una persona o un grupo son capaces de actuar correctamente en una situación determinada. En otras palabras, es la confianza que alguien tiene en otra persona o en algo.

Existen distintas definiciones de confianza pero todas coinciden en que parece ser un fenómeno que implica riesgo, previsibilidad, controlabilidad o falta de ella, y coherencia entre palabra y obra. Así, por ejemplo, la definición de Barry Schlenker es la siguiente: «La confianza se refiere a las acciones futuras de los demás, que escapan al propio control y, por tanto, implican incertidumbre y riesgo».

Existen distintos tipos de confianza en los demás: confianza institucional y confianza interpersonal.

• La confianza institucional supone que el futuro del orden

social o público en su conjunto es predecible y —hasta cierto punto— controlable.

- La confianza interpersonal implica sinceridad, transparencia y buena fe por parte de nuestros allegados. Y aquí podemos encontrar lo que se denomina confianza intragrupo y confianza intergrupal o generalizada. La confianza intragrupo está relacionada con la confianza que se da dentro de un grupo (religioso, étnico, de clase, etcétera) y, por tanto, aumenta la previsibilidad y reduce el riesgo. Esto se debe a que las personas de mi grupo suelen compartir mis mismos valores y, por tanto, me resulta más fácil comprenderlas y predecir su comportamiento.

Por último, la psicología ha estudiado que, para confiar en los demás, es necesario y fundamental confiar en uno mismo. Por eso la confianza individual (en uno mismo) es la base de otros tipos de confianza y, para desarrollarla, es esencial creer en nosotros mismos, conocernos, comprender nuestros pensamientos y emociones, y aceptarnos.

En consecuencia, es muy importante ocuparse de mejorar nuestra autoestima. Aquí te ofrezco algunas claves para conseguirlo:

- **Cree en ti mismo**, porque la opinión que tienes de ti mismo es muy relevante.
- **Deja de compararte con los demás.** Si te comparas con los demás, nunca te sentirás bien contigo mismo.
- **Aprende a decir que no.** Ayudar a los demás es bueno,

pero ayudar demasiado puede crear presión y estrés. En esos casos, puedes sentirte mal contigo mismo si no ayudas a otra persona.

- **Practica la gratitud.** Ser una persona agradecida te hace sentir mejor contigo mismo.
- **Sé asertivo.** Una persona tiene que defenderse para que los demás la respeten.
- **Anota tus logros.** Es un hábito que te ayudará a sentirte bien y a mejorar tu confianza.
- **Utiliza afirmaciones positivas sobre ti mismo** que aumenten tu autoestima.

La confianza según la sociología

Uno de los conceptos clave en el análisis del capital social es la confianza social o confianza generalizada, que se define como la confianza en extraños. A pesar de su centralidad en el análisis del capital social, los mecanismos que vinculan la pertenencia a redes sociales con el desarrollo de la confianza social suelen estar ausentes.

Presentaremos aquí dos formas en que se producen tales mecanismos, a saber: como consecuencia de la participación en asociaciones y directamente mediante el envío de señales que revisan las creencias iniciales sobre la fiabilidad de los extraños.

La bibliografía sobre el capital social, en particular la procedente de las ciencias políticas, concede gran importancia a la confianza generalizada o confianza social. Para algunos autores, como Stolle, el concepto de confianza social es la principal aportación de la literatura sobre capital social a la agenda de investigación sobre cultura política. El concepto de confianza social parece importante para quienes proclaman las bondades del capital social, ya que gran parte del estado positivo asociado a la presencia de capital social se refiere, en mayor o menor medida, al capital social en forma de confianza generalizada.

Las asociaciones voluntarias de la Italia cívica de Putnam son especialmente beneficiosas porque generan confianza social y permiten que los desconocidos confíen los unos en los otros. Las madres pueden dejar que sus hijos jueguen solos en los parques infantiles de Jerusalén porque, a diferencia de lo que ocurre en Detroit, consideran que sus vecinos, aunque no les sean familiares, son dignos de confianza, como observó Coleman en 1990.

La confianza según la filosofía

El término confianza se refiere, como hemos apuntado, a la idea de que una persona o grupo es capaz de actuar correctamente en una situación determinada. La confianza es, pues, la seguridad que alguien tiene en otra persona o en algo. Es una cualidad inherente a los seres vivos, sobre todo a los seres humanos, porque, aunque los animales la poseen, confían de manera instintiva, a diferencia de los humanos, que lo hacen de modo consciente.

Es, por tanto, algo que se hace de forma consciente y voluntaria, y cuesta trabajo y esfuerzo conseguirlo. Sin embargo, aunque es difícil de conseguir, es una emoción positiva.

Según las teorías que abordan esta cuestión, se trata de una suspensión temporal de la situación fundamental de incertidumbre sobre las acciones de las personas, es decir, se dejan de lado las dudas y se da paso a una creencia firme. La pérdida de confianza se debe, entonces, al agotamiento emocional, provocado por la mala intención de la persona, que fomenta la incapacidad de mantener lo prometido de forma continuada en el tiempo. Por tanto, la confianza simplifica las relaciones personales y ayuda a comprenderlas.

«¡Oh, mundo, lo que te queda bien a ti me queda bien a mí! Para mí nada ocurre demasiado pronto ni demasiado tarde, siempre que ocurra a tiempo para ti. Oh, naturaleza, todo lo que te deparen tus estaciones será fructífero. Todo de ti, todo en ti, todo para ti», escribió el emperador romano Marco Aurelio en sus meditaciones, *Pensamientos para mí mismo*, obra literaria constituida por una serie de reflexiones de este filósofo, redactada en griego entre los años 170 y 180.

De todas las acepciones que existen para el concepto de confianza, me centraré en la que apela a una disposición o actitud de creer, de tener fe y de entregarse a lo que uno es en sí mismo, lo que a su vez confluye en la actitud de vivir conforme al razonamiento.

En palabras de Pierre Hadot en *Ejercicios espirituales y filosofía antigua*, la cita de Marco Aurelio mencionada antes, que influye en Jules Michelet, significa lo siguiente: vivir según la razón supone, pues, reconocer que lo que sucede «a tiempo» para el mundo sucede también a tiempo para nosotros mismos. Lo que «armoniza» con el mundo «armoniza con nosotros mismos». El ritmo del mundo debe ser el nuestro, y así, como repite Marco Aurelio por doquier, «amaremos» todo cuanto el mundo «ame» crear, estaremos en armonía con la armonía de la propia naturaleza.

Desde este punto de vista, nos alejamos así de una falsa concepción de la confianza vinculada a la satisfacción de expectativas, es decir, a un apego a lo que deberían ser las cosas, el mundo y nosotros mismos, que no sería más que la expresión de nuestras propias limitaciones a la hora de aceptar la realidad tal como es.

La confianza va más allá de las teorías, los resultados y las afirmaciones ficticias, porque está vinculada a la expresión de nuestra propia singularidad, que no se ve restringida, ignorada o anulada por otras voces, con las que nos hemos identificado, o por otras voces, que creemos que nos proporcionan seguridad.

De hecho, cuanto más dependemos de otros para tener seguridad, más nos alejamos de lo que realmente es la confianza. Se trata de discernir, escuchar y confiar en nuestra propia voz, auténtica y profunda, que proviene de quien realmente somos. Según esta concepción, la confianza es la clave del camino hacia nuestra plenitud como personas.

Según R. W. Emerson en su libro *Confianza en uno mismo*, la mayoría de las veces solo nos expresamos a medias. Parece que nos avergonzamos de la idea divina que cada uno de nosotros representa. Y, sin embargo, debemos permanecer en ella con confianza, como en algo que está a la altura de nuestras fuerzas y que nos conduce a un éxito seguro, siempre que se interprete fielmente.

En nuestra vida cotidiana, a menudo hay actitudes que van en contra de esta idea fundamental que se ha reflejado en muchas tradiciones filosóficas y espirituales a lo largo de la historia. Es importante señalar que la desconexión de nuestra confianza en nosotros mismos, en los demás y en la realidad se produce por la identificación con determinados juicios y creencias limitadores. Algunos de ellos son incoherentes, pero parece que muchos de nosotros los asumimos plenamente. Por ejemplo, en muchos casos creemos que la desconfianza es beneficiosa porque nos protege del peligro. Evitamos a las personas que creemos dañinas, nos alejamos de un mundo que interpretamos como hostil e incluso desconfiamos de nosotros mismos, de nuestras cualidades y potencial, cuando nos identificamos como malos, dañinos, inexpertos, torpes, etcétera. Pensamos que así podemos evitar el mundo y estar a salvo. Pensamos que así, entre otras consecuencias, nos ahorramos terribles sufrimientos. Pero la verdad es que, de este modo, estamos muy lejos de evitarlo, porque es precisamente esta creencia limitadora, que opera en nuestras vidas, la que nos da más sufrimiento.

En relación con lo anterior, recurriré a otro ejemplo que pone de manifiesto los límites y riesgos de la aceptación acrítica de que la desconfianza es buena. A todos nos han dicho alguna vez: más vale malo conocido que bueno por conocer. Bajo esta expresión subyace una creencia dañina que no nos permite explorar nuevos territorios, espacios y relaciones. De hecho, nos deja anclados en la inmovilidad del presente —en el que, paradójicamente, no estamos presentes— e inmersos en un mar de resignación que impide o frena nuestro avance hacia otros lugares.

En este contexto, debemos distinguir la desconfianza de la prudencia, ya que esta última es una cualidad buena y muy necesaria que nos protege del peligro y la imprudencia. Aristóteles ya decía en la *Ética a Nicómaco* (*Libro primero. Teoría del bien y de la felicidad*) que la prudencia debe «contribuir a la virtud y a la felicidad humana». Según él, debemos reconocer que la prudencia es aquella cualidad que, guiada por la verdad y la razón, determina nuestra conducta respecto a aquellas cosas que pueden ser buenas para el hombre.

Se trata, entonces, de reconocer la desconfianza como perniciosa cuando supone una reacción contra la vida. Esta actitud de resentimiento vital se reconoce fácilmente en actitudes de inmovilismo y apego a determinadas cosas, personas y situaciones, que no son más que la negativa a aceptar que la vida es lo que es, ni buena ni mala, sino que simplemente es.

No se trata, como es evidente, de una desconfianza o sospecha que responda a una verdadera intuición de nuestro propio criterio e inteligencia, que se plasme en un camino de investigación, de mayor comprensión, de esclarecimiento, y que esté ligado a una actitud filosófica de amor a la verdad. Resulta que un cierto recelo y desconfianza ante lo que nos cuentan, porque no acaba de encajar con nuestra intuición, inteligencia y experiencia, es un signo de confianza en nuestro propio criterio y uno de los motores del progreso social, humano y cultural.

La relación de confianza —con uno mismo, con los demás y con la vida— está muy bien vista por Marina Garcés en *Filosofía inacabada* cuando dice: «¿Por qué nos confiamos a otros para pensar juntos lo que cada uno debe pensar por sí mismo? No hay filosofía válida para uno. Pero no hay filosofía que no tenga que ser pensada y repensada por todos».

Hacer filosofía es creer que todos podemos pensar de la misma manera, pero que nunca pensaremos todos de la misma manera. Es creer que las razones que sustentan una idea no son ocurrencias personales, sino necesidades colectivas que también pueden revisarse de manera colectiva. Y es creer que solo desde esta confianza se puede llevar una verdadera lucha de pensamiento contra todo lo que nos impide pensar y, por tanto, vivir.

¿Cómo podemos ver el grado de desconfianza con el que vivimos nuestras vidas? Esto se manifiesta, con gran claridad, en el miedo que tenemos a vivir y a relacionarnos con lo desconocido. Si nos preguntamos hasta qué punto tememos lo nuevo y el cambio, podremos visualizar el grado de desconfianza que impera en nuestras vidas.

¿Nos negamos a abandonar nuestro trabajo cuando nos desanimamos? ¿Nos resignamos a poner fin a una relación insatisfactoria? ¿Estamos resentidos por el paso del tiempo, por ejemplo, al dejar atrás nuestra juventud? Si la respuesta es afirmativa, eso denota ese horror vacío que infunde el miedo a caer en el abismo de la desconfianza y el sufrimiento, a que nada bueno nos suceda.

La confianza, en cambio, significa aventurarse en lo desconocido con la firme convicción de que nada malo nos ocurrirá porque nos mantenemos firmes y lúcidos en una vida siempre fluctuante, cambiante e impermanente. Esta vez, tomo la palabra de Mónica Cavallé en *La sabiduría recobrada* (2002): «La alegría de vivir reside en gran parte en el asombro permanente que acompaña este surgimiento, la expresión de esta obra de arte que es nuestra vida y de la que no sabemos de antemano, como ocurre en toda verdadera creación, cuál será su forma acabada. Ser veraz es vivir en una aventura constante. El yo superficial no es aventurero; no maravilla ni sorprende, solo proyecta; no se renueva, se repite una y otra vez».

Cuando nos instalamos en la confianza en nosotros mismos, los miedos desaparecen y las aprensiones se desvanecen, lo que da paso a una libertad radical en la que cada uno se sitúa en lo que es, profunda y honestamente, confiando en sus propios criterios, que ya no residen en las evaluaciones de los demás, en los discursos teóricos ni en las expectativas. Es aquí donde brillamos y, como resultado, emerge nuestra luz. Nos sentimos plenos y dueños de nuestra vida. Esta es la clave, porque no se trata de depositar nuestra confianza en otro lugar que no seamos nosotros mismos. Si nuestra luz proviene de otros, seremos un reflejo vano y dependeremos de ellos. Solo la confianza que nace de la comprensión de nuestra propia naturaleza como seres con cualidades esenciales nos permitirá afirmar que somos nuestra propia luz.

Para terminar, cito el libro *La confianza*, a W. R. Emerson:

Al principio compartimos la vida por lo que existe; luego vemos estas cosas en medio de la naturaleza como apariencias, y olvidamos que hemos compartido su causa. He aquí la fuente y el origen de la acción y del pensamiento: los pulmones, cuya aspiración da salud al hombre; la fuente, que no puede negarse sin impiedad y ateísmo. Descansamos en el regazo de una vasta existencia, que nos hace receptores de su actividad y órganos de su verdad. Cuando discernimos la verdad y la justicia, no hacemos nada por nosotros mismos; simplemente damos rienda suelta al resplandor de esta inteligencia. Si buscamos su origen, si pretendemos espiar la causa anímica, todas nuestras filosofías son inútiles; lo único que podemos afirmar es la presencia o la ausencia de esta luz.

La confianza según la economía

La confianza es la columna vertebral del éxito de cualquier sistema económico: facilita las transacciones entre particulares, empresas y Gobiernos; estimula la inversión y la innovación; permite elaborar políticas eficaces y genera un mayor crecimiento. Pero, por desgracia, la confianza ha disminuido en la sociedad. Encontrar formas de restablecerla, desde mejorar la transparencia empresarial y gubernamental hasta crear oportunidades de interacción con los ciudadanos, podría suponer una enorme diferencia a la hora de ayudar a la sociedad a salir de su actual estancamiento y a embarcarse en un largo periodo de crecimiento sostenido.

La falta de confianza es uno de los principales factores de este vacilante progreso. Para que las economías crezcan, necesitan estimular la acumulación de factores de producción (capital y trabajo) y utilizar estos insumos de forma más eficiente para aumentar la productividad total de los factores. Históricamente, la sociedad ha adolecido de escasa acumulación de insumos y de baja productividad. La falta de confianza es un factor crítico. Los particulares y las empresas solo asumirán riesgos y aumentarán su actividad económica si creen que será rentable y si no temen la expropiación ni de sus inversiones ni de sus beneficios. Además, para dar este paso, necesitan tener acceso a los mercados financieros, y el crédito solo puede desarrollarse cuando los bancos pueden recuperar sus préstamos y la gente tiene libre acceso a sus ahorros. El aumento de mano de obra, que incrementa la capacidad productiva de la economía, funciona de la misma manera que el aumento de capital. Estos solo pueden producirse si los inversores y las empresas tienen la seguridad de que los empleados no se aprovecharán de ellos, por ejemplo, eludiendo sus obligaciones o robando.

Los diferentes tipos de confianza

La noción de confianza puede variar según los entornos en los que uno se desenvuelve, ya sea en grupo, en un ámbito profesional, artístico o en el deporte.

Confianza dentro del grupo

La confianza en los grupos de trabajo es esencial. Así, fomentar las relaciones de confianza entre los compañeros de un equipo creará un entorno de trabajo mucho más eficaz, creativo e integrador, algo que se reflejará en los resultados que obtengan juntos.

El éxito del trabajo en equipo se basa en la confianza. Cada miembro de un equipo debe generar confianza, cultivarla con sus acciones y palabras y esforzarse por mantenerla; además, debe ser capaz de confiar plenamente en las demás personas con las que trabaja, de expresar los problemas que puedan surgir y afectar al ambiente del equipo y de avanzar juntos para alcanzar los objetivos. Generar confianza en tu equipo de trabajo te ayudará, en fin, a ser más eficaz.

Sin embargo, en un mundo de teletrabajo y de equipos cada vez más distantes, generar confianza con nuestros colegas es más difícil que nunca y, al mismo tiempo, aún más importante.

En una entrevista realizada el 15 de abril de 2022 para la *Harvard Business Review*, Christine Liu, editora sénior de innovación de la Incubadora de Productos de la Harvard

Business Publishing, y Tyree Mitchell, profesor adjunto de la Universidad Estatal de Luisiana, cuya investigación se centra en el liderazgo y la confianza en los equipos, hablaron de este tema. Según Tyree Mitchell, la confianza es primordial en un equipo: «Solemos hacer tres juicios sobre si alguien es digno de confianza. Todo se reduce a capacidad, benevolencia e integridad». Por capacidad se refiere a la respuesta de la siguiente pregunta: «¿Puede mi equipo realizar realmente este trabajo?»; por benevolencia se entiende que trabajan en nuestro nombre y por el bien común, sin intención de hacer daño. Y, por último, la integridad implica que hay «cierta garantía [de que el equipo se adhiere] a un principio, código de conducta o valores».

A continuación, Tyree Mitchell propone una herramienta práctica habitual en muchos equipos, denominada carta de equipo, en la que se anotan los objetivos, lo que hay que conseguir y cómo hay que interactuar para lograrlo. Crear una norma sobre cómo hacer las cosas conducirá a un entendimiento compartido. Por último, ofrece tres consejos prácticos para mantener la confianza:

1. Hay que evitar asumir compromisos que no podamos cumplir.
2. Debemos asumir la responsabilidad de nuestros errores, porque somos humanos y cometeremos errores.
3. Tenemos que realizar acciones que no sean de nuestro interés inmediato, por ejemplo, compartir un recurso que pueda ayudar a otro miembro del equipo con su

parte de la tarea, lo que puede no tener un beneficio inmediato para nosotros.

Además, el compromiso es un elemento importante de la confianza. Cada miembro del equipo debe comprometerse a ayudar a sus compañeros a alcanzar sus objetivos cuando surjan obstáculos personales y profesionales que haya que superar. Asimismo, también debe confiar en que los demás harán su parte sin cometer errores y ser consciente de las consecuencias negativas de no cumplir sus compromisos.

Los integrantes del equipo deben confiar en que sus colegas son competentes y pueden realizar con éxito tareas relevantes para el éxito del equipo. Por ejemplo, cada persona debe poder concentrarse en la tarea que le ha sido asignada sin tener que preocuparse de si los demás también cumplirán sus tareas. Los miembros del equipo también deben ser conscientes de sus puntos débiles y pedir ayuda y consejo a sus compañeros si es necesario.

En este sentido, ocultar los puntos débiles socava el éxito del equipo, mientras que, si reconocemos nuestros puntos débiles y nuestros compañeros son capaces de ayudarnos con eficacia, aumentarán la confianza y la cohesión entre nosotros.

La comunicación coherente y significativa es imprescindible para generar confianza en un equipo. Por ejemplo, si uno de los integrantes completa una de las primeras tareas, debe informar a sus compañeros y preguntar si alguno necesita ayuda con su parte del trabajo. Además, si un miembro del equipo descubre información relevante para el éxito del conjunto, como un cambio de fecha o la falta de recursos, debe informar al resto lo antes posible. En los equipos virtuales hay que esforzarse aún más por asegurarse de que los canales de comunicación permanecen abiertos e ininterrumpidos, de manera que todos los miembros estén debidamente informados. También es necesario que las personas que conforman el equipo confirmen que han recibido el mensaje, den su opinión, no se comprometan a aquello que no pueden cumplir y generen confianza en las demás.

Sin confianza ni cohesión entre los miembros del equipo, es imposible que surja una verdadera confianza. Cuando los que lo integran colaboran, pueden compartir sus ideas creativas sin miedo a que otra persona se lleve el mérito de sus logros. Además, cuando los miembros del grupo sienten que pueden confiar en sus colegas, plantean las preocupaciones que consideran significativas para la consecución de los objetivos. Por tanto, lograr un entorno de colaboración basado en la confianza permite a los integrantes del equipo compartir información personal y profesional de forma transparente, lo que une a todos los miembros.

Un ejemplo famoso de confianza y trabajo en equipo es el accidente aéreo de 1972 en los Andes. Cuando el vuelo 571 de la Fuerza Aérea Uruguaya se estrelló mientras llevaba a Chile a diecinueve jóvenes, miembros de un equipo de rugby, a sus familias y a amigos, los supervivientes demostraron un heroísmo y una capacidad de liderazgo extraordinarios. A los pocos segundos del accidente, los hombres ilesos entraron en acción, clasificaron a los enfermos y heridos, y fue Marcelo, el capitán del equipo de rugby, quien demostró ser el líder natural, pues calmó al grupo y los acomodó para pasar la noche, con una temperatura de, probablemente, treinta grados bajo cero. Cuando flaqueó al enterarse de que se suspendía la búsqueda, el liderazgo fue asumido de manera natural por otros.

Se organizaron y decidieron utilizar los utensilios que tenían a mano: las fundas de los asientos como mantas, un desalinizador con chapas metálicas para derretir la nieve, el material del parabrisas del avión como gafas de sol y, por último, los cuerpos de los muertos como alimento. También se organizaron en una verdadera comunidad, a la que llamaron «La sociedad de la nieve», en la que cada uno tenía un papel, como el estudiante de Medicina, al que se le asignó el papel de médico. También mantuvieron rituales, a pesar del aislamiento y las lesiones, y rezaron, celebraron dos cumpleaños y se aferraron a lo que en el liderazgo se denominan anclas. Por ejemplo, algunos miraban la luna cada noche mientras pensaban que sus seres queridos miraban la misma luna. De las cuarenta y cinco personas a bordo, dieciséis sobrevivieron tras setenta y dos días esperando ayuda.

Este acontecimiento debe seguir siendo, sin duda, un ejemplo de disciplina y resistencia para todos nosotros.

Confianza entre artistas

La confianza también se ve minada en el mundo del arte, donde abundan los imitadores, como Guy Ribes, uno de los mayores falsificadores franceses, que realizaba falsificaciones por encargo de Matisse, Renoir, Modigliani, Chagall o incluso de Picasso. Guy Ribes creaba lienzos «al estilo» de los pintores de su entorno, y para ello utilizaba tan solo materiales y pigmentos de época, y a veces se sumergía durante un año en la obra de un pintor para poder pintar como él. Finalmente, fue detenido en 2005 y abandonó su actividad de falsificación para pintar con su propio nombre.

Tiempo atrás, en los Países Bajos, el falsificador de Vermeer, Han van Meegeren, cuyos cuadros los críticos habían considerado fastidiosos, se vengó haciendo copias que acabaron en los museos. Luego vendió falsificaciones a los nazis durante la Segunda Guerra Mundial y, cuando fue detenido al final de la contienda, confesó su fechoría copiando un cuadro de Vermeer en su celda, delante de testigos.

Ni siquiera Picasso escapó a la tentación. De hecho, sus primeros cuadros, de estilo muy clásico, se atribuyeron a su padre. Más tarde, el pintor se habría atribuido ciertos cuadros al estampar en ellos su firma. Se dice también que, aunque Braque y Picasso eran grandes amigos, se copiaban mutuamente. Cuenta la leyenda que, cuando Picasso iba a un estudio, los artistas cubrían sus caballetes con sábanas. De hecho, ocurrió que Picasso terminó un cuadro que otro artista no podía terminar, y se dice que la siguiente frase es suya:

«Los buenos artistas copian, los grandes artistas roban». Sin embargo, no copió una obra exactamente, sino que la transformó deconstruyéndola y robando solo lo que le gustaba. También hay otros falsificadores. Se dice que David Stein plagió a Andy Warhol, y sus cuadros de Superman se han expuesto en el MoMA. Yves Chaudron robó la *Mona Lisa* en 1911 con su cómplice, un estafador argentino; el cuadro se recuperó en 1914, pero, mientras tanto, se vendieron copias en el mercado americano con las que se obtuvieron considerables márgenes; cada comprador pensaba que compraba el original. Y, por último, está el caso del matrimonio Beltracchi, los auténticos Bonnie y Clyde, que produjeron y vendieron más de trescientos cuadros falsos por varios millones de dólares.

Por otro lado, en las artes también se dan a menudo casos de confianza ciega, como el de una editorial que extiende un cheque a un autor como anticipo de un libro que aún no se ha escrito o el de las personas que compran entradas para un concierto antes de que salga a la venta el álbum del artista.

Confianza entre vecinos

Es un hecho probado: tendemos a confiar de manera espontánea en nuestros vecinos o, al menos, nos es fácil entablar naturalmente una relación de confianza con alguien que es «de casa», y esta tendencia se multiplica por diez cuando nos alejamos geográficamente. Pongamos el siguiente ejemplo: eres de Perpiñán y te cruzas con alguien que lleva una camiseta con la imagen de tu ciudad. Si estás en París, apenas le prestarás atención. En cambio, si te encuentras con una persona que lleva esta misma camiseta durante un viaje a Chile, te impresionará y, muy probablemente, ¡te acercarás a hablar con ella! En determinados contextos, el concepto de grupo aparece con más fuerza. Fuera del grupo, se establece de forma natural una noción de confianza.

Confianza en la educación

En el ámbito de la educación, la noción de confianza también es esencial. Cuando un niño pequeño aprende, los padres deben confiar en él y dejar que se las arregle solo. Es lo que Laurence Cornu denomina confianza emancipadora. Y para confiar, a su vez, hay que haber confiado. Así, para que un profesor trabaje con un alumno, este debe confiar en él, y, al mismo tiempo, el profesor también debe confiar en el alumno. Sin confianza mutua, pues, no puede haber una relación eficaz entre profesor y estudiante. En este ámbito, sin embargo, las pruebas de confianza suelen llegar después: aprobar un examen es el ejemplo más significativo.

Las características de la confianza como valor

A medida que el ser humano evoluciona (ya sea tecnológica, emocional, profesional o socialmente), aumenta la desconfianza hacia las personas, algo que es lamentable.

Esto suele ocurrir debido a la competencia o a la sensación de no estar satisfechos con las acciones de los sujetos que forman parte de nuestro entorno. Por lo tanto, es importante reconocer las características de la confianza e integrarla de forma natural en los valores primordiales del ser humano, de modo que sea posible identificar si lo que se experimenta con la sociedad es un trato fiable o un mero formalismo.

Confianza personal y en los demás

En primer lugar, este término ha sido conceptualizado y aceptado como la emoción más deseada por los seres humanos, ya sea la confianza personal o el sentimiento de confiar en los demás para que les abran las puertas de sus vidas. Esta característica es un impulso hacia las conexiones emocionales, algo extremadamente valioso para los seres humanos, ya que uno no puede confiar situaciones, información o sentimientos fuertes a cualquiera. Es una conexión algo complicada de explicar, pero bastante fácil de identificar a través de acciones o comentarios.

Confianza en las relaciones sociales

La siguiente característica se refiere a la creación de confianza en las relaciones sociales. En este caso, no es algo que aparezca de la noche a la mañana y que permanezca presente para siempre. Es, en cambio, un sentimiento o una emoción que hay que alimentar y cultivar a lo largo del tiempo. Se trata, en fin, de construir el sentimiento y la fe en uno mismo y en los demás, pero también de derribar las barreras, los obstáculos y los miedos que no permiten crecer al ser humano. De ahí surge la ulterior característica: la aparición de la confianza frente al miedo.

Confianza frente al miedo

Cuando hay miedo, es bastante difícil hablar de lo que realmente abarca la confianza. Por eso, es necesario identificar los miedos, validarlos, buscar formas de superarlos y aceptar que uno es humano, que hay errores y que de ellos surge un proceso de aprendizaje, algo que nadie puede explicar, pues nadie aprende de las experiencias de los demás. Por lo tanto, es normal cometer errores siempre que se acepten y se utilicen como fuerza para avanzar y ganar liderazgo.

Relajación

Tener confianza en alguien no cansa al individuo, al contrario, le da más vitalidad, relajación y seguridad en sus proyectos. Se podría decir, entonces, que el término es bastante ecológico. En este punto, es muy obvio que cada característica está concatenada con el resto. Si falta una de ellas, la confianza se derrumba, no tiene base sobre la que sostenerse y se desvanece.

Hay que señalar que puedes dejar de confiar en una persona en muy poco tiempo, del mismo modo que puedes dejar de confiar en ti mismo por diferentes acciones (o situaciones). Así que a veces vale la pena ser más confiado y menos crítico; aunque, por supuesto, cada cual sigue sus instintos según sus valores.

II. ¿Qué aporta la confianza y por qué es tan importante?

La confianza en uno mismo
es el primer secreto del éxito.

RALPH WALDO EMERSON (1803-1882)

Consecuencias positivas: por qué es tan esencial la confianza

Confiar es ante todo sentirse seguro y esperar benevolencia del otro. Aquí es donde resulta esencial. Me siento seguro si siento que la otra persona puede ayudarme en caso de dificultad, si puedo contar con ella. El hecho de que confíe en esa persona me quitará los miedos que tenga y me permitirá soltarme. Y esta es la base de cualquier relación social. Socializar es confiar, dejar caer la máscara y poner sobre la mesa los propios defectos, emociones, vulnerabilidades, miedos, etcétera. Sin confianza, no hay relaciones humanas. Sin confianza, no hay relación ni trabajo en equipo.

Por todas estas razones, confiar también supone un riesgo, pues confiar significa apostar. Implica escuchar nuestra intuición. Es invertir en el futuro de la relación, es arriesgarse a que la otra persona vea a través de nosotros, es atreverse a no tener el control de la situación o incluso a ser traicionado.

La confianza implica a todas las partes interesadas

La confianza es un factor clave en todos los aspectos de nuestra vida y la exigimos en todas las actividades que realizamos, como consumidores, clientes, empleados, inversores, mercados, proveedores, medios de comunicación, etcétera. También es esencial, asimismo, en cualquier negociación.

La pandemia del covid-19 fue una gran oportunidad de demostrar confianza, y tuvo un impacto dramático en la forma en que los consumidores ven a las instituciones y a las empresas. Y esa renovada confianza se debe a los compromisos y a las medidas que tomaron las empresas durante la pandemia. Abogar por la justicia social, proteger a las comunidades y a la economía, mantener la seguridad de las personas en el trabajo, seguir suministrando artículos para el hogar, acelerar la producción de vacunas, conceder préstamos a las pequeñas empresas, aumentar los salarios, etcétera, todo ello ha tenido un fuerte impacto en la confianza y la reputación.

Pero, si la confianza se gana poco a poco, basta un segundo para que se destruya. La confianza es frágil, por lo que, si somos capaces de construirla y mantenerla, tendremos mucho éxito. Muchas personas tardan toda una vida en labrarse una reputación que pueden perder en menos de una hora. La cuestión es si esto es inevitable o si podemos permitirnos mantenerlo a toda costa. Los siguientes ejemplos muestran casos de empresas cuya reputación se vio dañada de la noche a la mañana. Algunas se recuperaron, otras no.

- El grupo Buffalo Grill vio caer en picado sus actividades en 2002 tras la sospecha de que importaba carne británica a pesar de la prohibición del mal de las vacas locas.
- En 2004, se estrenó en Francia la película de Morgan Spurlock *Super Size Me*, dirigida contra el grupo estadounidense McDonald's, que respondió al ataque integrando una nueva gama de productos en su menú.
- El 23 de marzo de 2004, Coca-Cola suspendió la comercialización de su nueva agua mineral tras las acusaciones de que suministraba agua del grifo, que también tenía un alto contenido en bromuro.
- También en 2004, las acciones del Grupo Adecco perdieron un 47,8 % de su valor tras las sospechas de irregularidades contables. Se sustituyó una parte del equipo directivo.
- En 2017, un vídeo mostró el desalojo con mano dura de un pasajero por parte de United Airlines, lo que provo-

có dos millones de tuits negativos y una caída del 4 % en bolsa.

- La marca de ropa Celio vivió un auténtico boicot cuando en 2018 apareció en la prensa una foto que revelaba que su tienda de Rouen, Francia, rompía la ropa nueva en lugar de regalarla.

Por supuesto, hay acontecimientos difíciles de evitar o, al menos, de prever. Pero todo depende de cómo se gestione la crisis, y eso depende de nosotros.

El laboratorio Teva: una gestión de crisis ejemplar

Teva fue acusada en 2013 por un paciente anciano de Saint-Malo (Francia) de introducir un somnífero (zopiclona) en un blíster de furosemida (un diurético).

Esa misma noche, el laboratorio decidió, de acuerdo con la Agencia Nacional Francesa para la Seguridad de los Medicamentos (ANSM), retirar dos lotes de furosemida y, a continuación, la semana siguiente, todos los lotes. Al final, resultó que las tres cajas comunicadas por el paciente al farmacéutico no contenían ningún comprimido de zopiclona. Una investigación de la ANSM demostró que no se había encontrado ninguna anomalía en su fábrica de Sens. Al cabo de varias semanas, se demostró que había sido el propio paciente quien había cometido el error. Solía abrir por completo los blísteres para tomarse la medicación y, cuando se le caía alguna, la ponía, aunque no necesariamente en el sitio correcto.

Sin embargo, la Fiscalía de París abrió una investigación por poner en peligro la vida de terceros, engaño agravado, administración de sustancias nocivas y homicidio involuntario. Se registró la fábrica de Sens y se retiraron ciento noventa mil cajas. Teva abrió finalmente todos los lotes de Y175 e Y176 que le fueron devueltos bajo la supervisión de un agente judicial y grabados por cámaras.

La gestión de esta crisis por parte de Teva puede calificarse de ejemplar, ya que no solo se comunicaron desde el principio (y demostraron así confianza), sino que, además, aprovecharon esta desafortunada experiencia para diseñar ampollas específicas para las personas mayores.

La confianza genera beneficios

La gama de beneficios que genera la confianza es realmente amplia, y no se limita a la actividad empresarial. Se refuerzan las relaciones entre los empleados, lo que hace que la empresa funcione como una máquina perfecta, y la resolución de conflictos internos y externos es dinámica y no implica interrupciones críticas en el ecosistema empresarial.

El equipo que mantiene plena confianza en sus miembros es más fuerte en su tarea y se proyecta al resto de las empresas como un grupo de personas unidas en torno a un proyecto común. Es una imagen, pues, que va mucho más allá de la de una empresa con trabajadores.

La confianza protege la marca

Para generar confianza, las empresas deben pasar de la visión tradicional basada en las transacciones a un concepto basado principalmente en las relaciones. La confianza es la seguridad que alguien tiene en otra persona o en algo, y forma parte de la naturaleza humana desde el nacimiento. Todos necesitamos confiar en alguien o en algo para sentirnos seguros. Y, del mismo modo que ocurre en las relaciones entre personas, la confianza también es la base entre estas y las marcas.

Nuestros cerebros están genéticamente preparados para mostrar en un inicio confianza y empatía con nuestros semejantes, pero esto también nos hace vulnerables porque en muchas ocasiones simplemente vemos lo que queremos ver.

Riesgos y errores

Los líderes y sus equipos dependen cada vez más de la apertura, la rapidez y la creatividad para salir adelante. En este sentido, crear seguridad psicológica (la confianza de que la franqueza y la vulnerabilidad son bienvenidas) en una organización es un verdadero reto y requiere un grado inusual de compromiso y habilidad.

A pesar de los avances tecnológicos, en las dos últimas décadas la forma de trabajar en muchas organizaciones no ha cambiado, al menos de forma significativa, en lo que a planificación y liderazgo se refiere. Sin embargo, el futuro exige un liderazgo más estratégico, holístico, riguroso y basado en datos. Para que esto ocurra, debe existir una cualidad muy importante: la confianza.

Desconfianza

Toda confianza va unida a la desconfianza. Confianza y desconfianza deben distinguirse y relacionarse: una confianza ciega puede tener como reverso una desconfianza afectiva y globalizadora; una desconfianza crítica de los enunciados, de las situaciones y de las esclavitudes puede ir acompañada de una confianza en los seres, en un cierto uso de la razón, en los efectos de la palabra y de la verdad.

Si echamos un vistazo a la historia, nos daremos cuenta de que las sociedades tradicionales desarrollan una confianza masiva en todo lo que es interno, conocido y similar, y, en cambio, una desconfianza hacia todo lo que es externo y, por tanto, desconocido.

Por otro lado, una sociedad que solo confía en los expertos se deshumaniza y pierde la capacidad de asumir el riesgo del encuentro, de la alteridad del otro» y, entonces, «arruina su capacidad de conexión.

Cuando se viola la confianza

Por desgracia, la vulneración de la confianza aún es frecuente. Todos damos nuestros datos personales a determinadas empresas con la esperanza de que los protejan y los utilicen de forma responsable, pero cada día se producen violaciones de datos y usos cuestionables de los datos de los consumidores.

Muchos de nosotros destinamos nuestros ahorros a inversiones medioambientales, sociales y de gobernanza, seguros de que nuestro dinero no se utilizará para dañar el planeta. Sin embargo, algunas empresas pueden caer en la tentación de exagerar las afirmaciones sobre desarrollo sostenible, lo que llevaría a que Gobiernos y reguladores tuvieran que examinar con lupa los activos con etiquetas verdes o socialmente responsables.

Hay otros casos de violación de la confianza: los que ocurren cuando las personas, ya sea en la esfera privada o los personajes públicos, nos mienten. En algunas ocasiones, esto no tiene ninguna consecuencia (como ocurrió con el famoso cantante francés Johnny Hallyday, que inventó sus orígenes estadounidenses), mientras que en otras es irreparable. Es lo que le pasó, por ejemplo, al actor estadounidense Steve Rannazzisi, que en 2009 afirmó haber sobrevivido a los atentados del 11 de septiembre de 2001 en los Estados Unidos, una mentira que acabó revelándose al gran público y lo convirtió en un paria a los ojos de los estadounidenses.

Gestión de crisis: un momento para anticiparse

También en la gestión de las crisis se pone a prueba nuestra confianza, y por eso es importante haber pensado de antemano una estrategia de gestión de crisis. En este sentido, cualquier estrategia empresarial debe anticiparse a posibles acontecimientos negativos, que pueden ir desde una simple crisis de comunicación en una red social hasta accidentes graves con heridos o incluso muertos.

Por ello, diseñar un plan claro que incluya la coordinación de recursos ayudará a hacer frente a posibles necesidades y circunstancias imprevistas, al tiempo que podrá repararse la reputación de la empresa o marca.

Un momento de crisis es similar a apagar un fuego. Un fuego necesita tres cosas para arder: calor (energía), combustible y oxígeno o un catalizador como el oxígeno (velocidad). Si se elimina alguno de estos elementos, el fuego se apaga. En una situación de comunicación de crisis, algo ha salido mal y su marca está en llamas. Y eres responsable de uno de los tres elementos: el combustible. Está la marea de la opinión pública, que es el calor, la energía. Y la velocidad de reacción, que es el catalizador. Como ocurre con los incendios reales, si eliminas del fuego cualquiera de estas variables, rompes la reacción en cadena que lo provoca y se apaga solo.

A menudo, resulta que las causas de una mala gestión de crisis son errores fundamentales en la planificación y ejecución de un plan de emergencia. Pero, si los errores se acumulan o incluso aumentan, el desastre puede llegar a ser masivo. En este sentido, una buena preparación es estudiar gestiones de crisis que salieron mal así como las que fueron ejemplares.

- **Un ejemplo de buena gestión de crisis: Johnson & Johnson.** En 1982, siete personas murieron en Chicago tras ingerir cápsulas del medicamento de venta libre Tylenol de Johnson & Johnson que contenían cianuro. La marca lanzó de inmediato una respuesta masiva, detuvo toda la publicidad del producto y escribió a los centros sanitarios y a otros grupos afectados. Aunque resultó que la sustancia tóxica había llegado de forma accidental a los estantes de las tiendas, sin que la empresa fabricante tuviera la culpa, Johnson & Johnson no ocultó la verdad en ningún momento y, además, empezó a fabricar envases a prueba de manipulaciones. Lo importante de este ejemplo es que la transparencia y la integridad ayudan a gestionar una crisis.
- **Un ejemplo de mala gestión de crisis: United Airlines.** A principios de 2017, los medios informaron de que United prohibió a unas pasajeras adolescentes embarcar en un vuelo por los *leggins* que vestían. Por desgracia para la aerolínea, un pasajero tuiteó sobre el incidente, y luego apareció un vídeo que mostraba cómo un pasajero, ensangrentado, era arrastrado durante un vuelo. Aunque al principio imaginamos que a ese pasajero se le había pedido que abandonara su asiento debido al ex-

ceso de reservas, al final se descubrió que los asientos se reasignan a los propios empleados de United. El director general, en lugar de decir la verdad, defendió el protocolo de la tripulación (procedimiento estándar para los pasajeros con pase) y se limitó a lamentar haber tenido que asignar el pasajero a otro vuelo. En veinticuatro horas, la empresa perdió ochocientos millones de dólares de valor total y tuvo que luchar con energía por recuperarse de este fiasco, a pesar de las varias declaraciones de la dirección.

Estos dos ejemplos muestran a la perfección cómo una respuesta rápida y sincera puede permitir a una marca recuperarse con rapidez, mientras que la falta de transparencia con el cliente puede provocar daños irreparables.

Así pues, algunos consejos para una buena gestión de crisis, sobre todo orientada a no perder la confianza, son los siguientes:

- **Formar un equipo de crisis.** Por lo general, es aconsejable establecer una cadena de mando que incluya al menos a un alto directivo, prever comunicaciones internas y externas y, por supuesto, designar a un gestor de proyectos de gestión de crisis, cuyo papel será el de coordinador.
- **Designar a un portavoz.** Lo ideal es que sea el director general o un alto directivo, que deberá presentarse en el lugar donde se origine la crisis rápidamente, en un plazo de cuarenta y ocho horas.

- **Actuar con integridad y honestidad.** La verdad saldrá a la luz tarde o temprano, de modo que es mejor no ocultar nada.
- **Revelar el plan de acción.** Siempre en aras de la transparencia, tanto con nuestros equipos como con el público y nuestros clientes.
- **Considerar la posibilidad de cambiar de nombre o de marca** si las cosas van realmente mal.

Todas estas acciones tienen algo en común: la confianza, que también es un ingrediente fundamental de cualquier buena gestión de crisis. Generar confianza también mejora el rendimiento, y está claro que la confianza es necesaria en todo tipo de relaciones: con los clientes, con los proveedores, con los inversores, etcétera. Y, para evaluar esta confianza, todos estos actores se plantearán varias preguntas: ¿es competente la empresa?, ¿quiere servir a intereses distintos de los suyos? (¿nos benefician sus acciones?) y ¿es íntegra?

III. Confiar o no confiar: los siete factores que intervienen en el proceso de toma de decisiones

Nunca querría formar parte de un club
que me aceptara como socio.

GROUCHO MARX (1890-1977)

A menudo es difícil predecir si una persona decidirá confiar o no. Se han llevado a cabo investigaciones sobre el tema, en particular por el psicólogo social Morton Deutsch y por el profesor Robert F. Hurley, que enseñaba Gestión en la Universidad Fordham de Nueva York. Ambos han trabajado en modelos que pueden utilizarse para predecir si un individuo decidirá confiar o desconfiar de otro en una situación determinada.

Tomando como punto de partida mi propia experiencia como consultor en liderazgo y negociación, he identificado los siete factores que intervienen en el proceso de toma de decisiones sobre la confianza. Entenderlos ayuda a identificar las relaciones que se beneficiarían de una mayor confianza y a diagnosticar las causas profundas de la desconfianza. La adopción de medidas concretas permite, en fin, que los demás confíen en nosotros.

Estos factores se dividen entre los factores de decisión, que conciernen al propio decisor, a la persona que pide la confianza, y los de situación, que se refieren a aspectos de una situación concreta y a la relación entre las partes. Veamos ahora los siete factores con detalle:

El nivel de adaptación y seguridad

El nivel de adaptación varía de forma considerable de un individuo a otro. Al igual que la tolerancia al riesgo, este aspecto de la personalidad influye en el tiempo necesario para generar confianza. Así, las personas cuyo nivel de adaptación es considerable suelen tener un alto nivel de confianza. Ven el mundo como un lugar seguro y creen que no les pasará nada.

No es el caso, en cambio, de las personas mal adaptadas o que, al menos, necesitan tiempo para adaptarse, las cuales tienden a ver el mundo exterior como lleno de amenazas. Están ansiosas ante cada nueva situación y tardan mucho más en dar su confianza, y, por tanto, suelen ser personas a las que les cuesta delegar y que ven a sus colegas como amenazas poco fiables.

De todos modos, no todos los riesgos son iguales. Un empleado puede confiar en su jefe en una situación determinada (por ejemplo, cuando el jefe lo inscribe en un programa de formación) y en otra ocasión desconfiar (por ejemplo, cuando la empresa tiene que llevar a cabo un plan de despidos). Como decía Robert F. Hurley: «Cuanto mayor es lo que está en juego, menos probable es que la gente confíe». La confianza y la seguridad también varían según la época: en los años setenta, dejabas una empresa para entrar en otra y podías pasar fácilmente toda tu carrera en la misma empresa, mientras que hoy nadie está en verdad seguro.

General Motors

«General Motors promete un millón de dólares por muerte», titulaba el diario francés *Les Echos* el 1 de julio de 2014. La empresa había sido acusada de comercializar coches cuyo interruptor de encendido podía, durante un bache, hacer que el motor se parara por completo, lo que bloqueaba la dirección asistida e impedía el despliegue de los airbags. Se calcula que 309 conductores y pasajeros murieron en accidentes con vehículos retirados en los que no se desplegó el airbag, y otras 228 personas resultaron heridas.

Como consecuencia, el grupo retiró más de treinta millones de vehículos en todo el mundo y creó un fondo de compensación. El plan de indemnización también preveía 300000 dólares para cada cónyuge superviviente, 300000 dólares para cualquier persona que estuviera a cargo de la víctima con daños personales, 20000 dólares para un herido leve que pasara una noche en el hospital y 500000 dólares

---

para alguien que estuviera hospitalizado al menos treinta y dos noches.

General Motors también fue multada con novecientos millones de dólares por ocultar información sobre un defecto mecánico. Tras reconocer los errores del grupo y despedir a una quincena de directivos, el grupo decidió jugar la carta de la transparencia y retirar de manera sistemática los vehículos a la menor duda de calidad.

Tolerancia al riesgo y poder relativo

Algunas personas son precavidas por naturaleza, mientras que a otras les gusta asumir riesgos. Sin embargo, la capacidad de asumir riesgos no tiene una repercusión importante en la disposición a confiar.

Las personas que asumen riesgos tienden a ir a por todas, sin evaluar si la situación puede salir mal, y, cuando surge un problema, tienden a pensar que las cosas saldrán bien. Las personas precavidas, en cambio, analizan la situación y necesitan controlarla antes de dar su confianza. Así, no solo no confían de forma natural en los demás, sino que, en general, tampoco confían en sí mismos.

Geert Hofstede, antropólogo holandés y profesor de la Universidad de Maastricht, sugiere que la cultura influye en la tolerancia al riesgo. Los japoneses, por ejemplo, suelen tener menos tolerancia al riesgo que los estadounidenses.

También se observa que una persona que confía tiene una

autoridad natural que le confiere el poder de la autoridad y, en consecuencia, podrá sancionar a quien viole su confianza.

En cambio, una persona más vulnerable, con poca o ninguna autoridad, no tendrá este poder, y le resultará difícil confiar. Así, por ejemplo, un director general que delega una tarea en uno de sus directivos generalmente confía en él porque confía en sus habilidades y, como cabe esperar, cree que servirá a sus intereses. El directivo, por su parte, tiene poco poder sobre su jefe y su decisión de confiar en él es menos automática, ya que tendrá que considerar aspectos como sus intenciones y su integridad.

Aeropuertos de París y el hundimiento de la Terminal 2

En 2004, ADP (Aeropuertos de París) tuvo que hacer frente a un grave accidente con el derrumbe de la nueva terminal del aeropuerto de Roissy, que causó la muerte de seis personas y heridas a muchas más. Se criticó el diseño y la construcción del edificio, pero la dirección de ADP no se amilanó ante la presión mediática y acudió a la prensa para responder a las preguntas.

De inmediato, se anunció que la seguridad era la máxima prioridad de la empresa y que la terminal sería demolida si era necesario. La empresa se movilizó con las familias afectadas y para garantizar la continuidad del servicio público, y es esta estrategia de transparencia, movilización y compasión la que permitió a la empresa limitar los daños a su imagen.

Capacidad

La confianza va de la mano de la habilidad y de la capacidad. De hecho, las similitudes, los intereses alineados y la benevolencia no tienen mucho sentido si un superior jerárquico es incompetente. Por eso, un jefe evalúa de forma periódica las capacidades de las personas en las que decide confiar o delegar autoridad, y, del mismo modo, un cliente no confiará en una empresa que no haya demostrado una capacidad constante para satisfacer sus necesidades.

Cúpula de la tetera (1921-1923)

En la década de 1920, el secretario de Interior del presidente Warren G. Harding, Albert Fall, aceptó en secreto cientos de miles de dólares en Bonos de la Libertad a cambio de arrendar a una empresa privada las antiguas reservas de petróleo de la Marina en Wyoming, conocidas como Teapot Dome.

Así, Fall se convirtió en el primer secretario del Gabinete en ir a la cárcel por sus acciones en el trabajo, y el escrutinio de su vida personal llevó a descubrir que tenía una amante. Esto supuso una carga tan pesada para sus hombros que murió poco después de un ataque al corazón.

Benevolencia y número de similitudes

La confianza suele faltar cuando falta la benevolencia. Todos hemos conocido a un directivo en el que los empleados no confían porque no creen que vaya a luchar por ellos, porque está, en otras palabras, más preocupado por sus propios intereses. En cambio, un directivo que se muestra solidario, y demuestra a sus empleados que se arriesgará por ellos, provocará no solo confianza, sino también lealtad y compromiso. Por otro lado, en general, tendemos a confiar más en alguien que se parece a nosotros. Es nuestro lado tribal, como dice Robert F. Hurley. Y estas similitudes se refieren a varios puntos:

- Valores compartidos (una ética del trabajo).
- Pertenencia a un grupo definido (el departamento de una empresa, una religión o incluso un sexo).
- Rasgos de personalidad comunes (ambición, extraversión, dinamismo, integridad, franqueza, equidad, etcétera).

A menudo se comprueba que, antes de confiar el uno en el otro, dos personas evalúan sus semejanzas y diferencias. También existe una conciencia cada vez mayor de la importancia de los valores compartidos entre un proveedor y su cliente, por ejemplo. Sucede incluso que los empresarios se niegan a trabajar con tal o cual empresa porque no respeta sus valores y les impide seguir alineados.

Alineación de intereses

La primera pregunta que me viene a la mente antes de dar confianza es si la otra parte servirá a mis intereses o no. Cuando los intereses de ambas partes están alineados, hay confianza, y esto es muy importante en cualquier negociación. En una organización, es lógico suponer que los intereses son comunes. Y, cuando divergen, corresponde al gestor transformar esos factores divergentes en intereses comunes. Si nos fijamos en las políticas de remuneración, todos hemos visto a empresas que han despedido a empleados al mismo tiempo que el precio de sus acciones subía y pagaban cuantiosas primas a sus consejeros delegados. En este caso, es evidente que los empleados desconfían de sus directivos. Por el contrario, la alineación de intereses consistiría en limitar la remuneración de los CEO y recompensar a los empleados cuando los precios de las acciones son favorables. Robert F. Hurley afirma que: «Los intereses alineados conducen a la confianza, los intereses desequilibrados conducen a la desconfianza».

Previsibilidad e integridad

No puede haber confianza sin previsibilidad: ¿cómo se puede confiar en alguien si no se está seguro de cómo actuará? Y aquí es donde entra en juego la cuestión de la integridad. Uno sospechará de alguien que anuncia una cosa, pero hace otra. Si las acciones no se corresponden en todos los aspectos con el mensaje del anuncio, el resultado será la desconfianza y la falta de credibilidad.

Evitemos, así pues, prometer cosas que no podemos realizar. Cumplir con nuestros compromisos es esencial; de lo contrario, corremos el riesgo de socavar nuestra propia fiabilidad.

Bruce Springsteen: sus canciones son auténticas clases magistrales de gestión y liderazgo

Según el Jefe, el trabajo del artista es una forma de «subversión natural» y a través del arte muchas cosas nunca dichas ni oídas encuentran una voz. Y es en esto en lo que suele confiar el liderazgo del artista: o le habla a la gente y en nombre de la gente, o no tiene poder alguno.

En 2018, en la introducción a «Brilliant Disguise», en *Springsteen On Broadway*, dice: «La confianza en una relación es algo frágil [...], siempre ha sido un poco complicado para mí, porque la confianza requiere permitir que los demás vean tanto de nosotros mismos como tengamos el valor de revelar. [...] No quiero ver mi verdadero yo [...], ¿por qué querrían hacerlo los demás? [...] Significa permitir que los demás vean detrás de nuestras muchas máscaras, las máscaras que llevamos, superando ese miedo. O, más bien, aprender a amar y a confiar a pesar de ello. Esto requiere un poco de valor y un socio muy fuerte».

El nivel de comunicación

Toda confianza va acompañada de una buena comunicación, pues sin transparencia e intercambio abierto y honesto no puede haber confianza.

Por ello, una mala comunicación conduce de forma inevitable a la sospecha e incluso a la desconfianza, mientras que una comunicación honesta puede ayudar mucho a construir o reparar relaciones y a generar confianza. En cierta medida, la franqueza de una persona induce la franqueza de otras, y la decisión de confiar en los demás aumenta las probabilidades de que estos nos correspondan.

Una vez comprendidos estos siete factores, los líderes pueden empezar a gestionar la confianza en sus propias relaciones y dentro de su organización, aunque este modelo de confianza también puede aplicarse a una escala organizativa más amplia.

Sea como sea, es interesante observar lo que se gana al pasar de un entorno de trabajo de baja confianza a uno de alta confianza. Cuando se pregunta a los empleados que trabajan en un entorno en el que no hay confianza, califican la situación de estresante, incluso de amenazadora, y se sienten tensos, divididos e improductivos. En cambio, cuando se hace la misma pregunta a los empleados que trabajan en un entorno de confianza, los adjetivos son todos positivos: hablan de un entorno motivador, donde se sienten apoyados, productivos, cómodos e incluso divertidos.

Así que parece obvio que a las empresas les interesa generar confianza para atraer talento. La elección entre un ambiente estresante y otro productivo y agradable es muy clara. Por ese motivo, los directivos deben comprender cómo se genera la confianza, cómo gestionarla y, sobre todo, cómo mantenerla.

Toyota

En el verano de 2009, un trágico accidente castigó a una familia en California. La culpa fue de la alfombrilla y del sistema de frenado de su Lexus. La empresa japonesa decidió entonces llamar a revisión a dieciséis millones de vehículos en todo el mundo entre noviembre de 2009 y febrero de 2011. La comunicación del grupo fue en un inicio desastrosa: el silencio y culpar del problema a sus proveedores provocaron la ira de los medios de comunicación.

Luego, a lo largo de 2010, cambió por completo su estrategia al lanzar este eslogan publicitario: «Una buena empresa repara sus errores, una gran empresa aprende de ellos». A continuación, el grupo hizo hincapié en la transparencia y la experiencia de los equipos y convocó a los medios de comunicación para mostrar que todo su talento de fabricación se utiliza para resolver problemas, con vistas a garantizar una seguridad óptima a sus clientes. Este cambio de estrategia salvó su reputación.

IV. ¿Cómo generar confianza con los demás cara a cara?

Nuestras mentes se inclinan a confiar
en quienes no conocemos por esta razón:
porque aún no nos han traicionado.

SAMUEL JOHNSON (1709-1784)

Una vez que hayas elegido confiar, el siguiente paso es ver cómo puedes generar confianza con los demás. Aquí es donde entran en juego la empatía, la lógica, la autenticidad y la integridad, que son los verdaderos fundamentos de la confianza.

«Creo que la confianza es la base de todo lo que hacemos, y, si podemos aprender a confiar más los unos en los otros, podremos lograr un progreso humano sin precedentes». Con estas palabras, la profesora Frances Frei inicia una conferencia para explicar cómo se construye la confianza. Es muy interesante observar en quién confiamos.

También creo que la confianza es el factor humano por excelencia, el que marca la diferencia en todo lo que hacemos, y, aunque sabemos que su ausencia está en la raíz de muchos de los problemas que encontramos en el mundo laboral (y personal), a menudo parece un concepto «abstracto».

Por ello, he aquí cuatro fundamentos de la confianza que hacen el concepto más tangible en las relaciones interpersonales:

Las cuatro bases de la confianza

Figura 1. Cimientos de la confianza

- Siempre haz lo correcto.
- Sé honesto.
- Ten visión a largo plazo.

AUTENTICIDAD

LÓGICA
- Sé fáctico.
- Sé concreto.
- Sé coherente.
- Sé consistente.

INTEGRIDAD

- Sé respetuoso.
- Sé ético.
- Sé transparente.
- Sé legal.

EMPATÍA
- Escucha.
- Preocúpate.
- Céntrate en el otro.
- Identifica necesidades reales.

Autenticidad

La autenticidad es uno de los fundamentos más problemáticos de la confianza, pues detectamos en un instante si el otro es auténtico o no. La receta es, pues, clara: ¡sé tú mismo! Sin embargo, es muy fácil serlo cuando estás rodeado de gente que es como tú, mientras que, cuando no lo estás, puede llegar a ser muy difícil.

El consejo es, entonces, no contener lo que somos, porque, si nos contenemos, es menos probable que seamos dignos de confianza. Y, si somos menos dignos de confianza, es menos probable que nos encarguen tareas más difíciles e importantes. Y, sin esas asignaciones significativas, tenemos menos probabilidades de ascender, y así sucesivamente, hasta que estemos superdeprimidos por las tendencias demográficas de un liderazgo cada vez más alto.

En definitiva, lo que te sugiero es tan solo que te pongas lo que te haga sentir fabuloso y prestes mucha más atención a tu yo auténtico en lugar de a lo que crees que la gente quiere escuchar. La clave está en inspirar y encarnar lo que queremos que los demás vean en nosotros.

Para reiterar el pensamiento de la profesora de Harvard Frances Frei, inspirar confianza requiere lo siguiente:

- Tiempo y energía para mostrar empatía.
- Humildad y la actitud de vivir con una lógica que no ten-

ga miedo del pensamiento crítico, que incluso desafiará sus propias suposiciones.

- El valor de ser auténtico, que no es ni más ni menos que mantener la coherencia entre lo que eres, lo que piensas, lo que dices y lo que haces.

Lo alentador de todo este proceso es que generar confianza está al alcance de todos, porque es sencillo y básico. Pero simple no significa fácil, y ese es precisamente el reto para nuestros líderes: comprender el valor y el impacto de las pequeñas acciones. Su empatía me dice que no debo tener miedo a sentir y expresarme, su lógica me dice que no debo tener miedo a pensar y su coherencia me dice que no debo tener miedo a ser rechazado. En otras palabras, la ansiada cultura de la creatividad y la innovación que todas las empresas buscan hunde sus raíces en estas pequeñas y grandes acciones.

También es importante que un directivo sea honesto y auténtico. ¿Cómo puede transmitir ideas si él mismo no está convencido de ellas? ¿Cómo puede anunciar objetivos a sus empleados si él mismo no cree que sean alcanzables? La más mínima duda por parte de sus empleados destruirá la confianza.

Cuidado, sin embargo, porque autenticidad no significa integridad. Se puede ser auténtico sin tener integridad, ¡se puede ser, pues, una mala persona y ser muy auténtico en tus formas!

Lógica

La lógica es factual, concreta y coherente. Frances Frei aborda la lógica de la siguiente manera: «A menudo nuestra lógica es sólida, pero es nuestra capacidad de comunicar la lógica lo que está en peligro». Creo, en este sentido, que debemos prestar más atención a la propia lógica, o más bien al pensamiento crítico que nos hace cuestionarnos y preguntarnos más. En mi opinión, esto es lo más necesario, y, cuando no lo hay, se tiene la sensación de que falta coherencia, de que se trabaja con el piloto automático o, peor aún, de que no se piensa y de que se actúa sin cuestionarse. Y en estos casos no inspiramos confianza.

Cuando carecemos de pensamiento crítico, lo peor es que nuestra lógica, aunque esté bien fundamentada y comunicada, pierde el contacto (o la empatía) con la realidad. Por el contrario, cuando estamos frente a alguien con quien no coincidimos en algunos puntos de vista, pero vemos que tiene una buena capacidad de pensamiento crítico e incluso hace que nos replanteemos nuestras propias suposiciones, esto nos inspira confianza. Nos quedamos con la sensación de que habrá cierta objetividad al tratar el tema en cuestión o de que está más dispuesto a reconsiderar sus propios puntos de vista. Y este contexto de seguridad psicológica inspira confianza.

Empatía

La empatía significa escuchar, preocuparse, centrarse en la otra persona e identificar sus necesidades reales. Cuando la empatía flaquea, ocurre porque la gente simplemente no cree que estemos ahí para ellos, y piensan que estamos demasiado distraídos. Es cierto que todos tenemos tantas exigencias sobre nuestro tiempo que es fácil desplazar el tiempo y el espacio que requiere la empatía. Así, si tenemos demasiadas cosas que hacer, puede que no dispongamos de ese tiempo. Pero esto nos mete en un círculo vicioso, porque, sin mostrar empatía, todo se hace más difícil.

Se dice que los teléfonos móviles son «el mayor imán de distracción que existe» y que «es muy difícil crear empatía y confianza en su presencia». Por ello, es más probable que confiemos en alguien que dedica cinco minutos a escucharnos plenamente que en alguien que consulta su teléfono y responde a sus mensajes en nuestra presencia.

En este sentido, uno de los problemas de comunicación que se encuentra en muchas organizaciones se representa con la falta de comunicación: es frecuente que, cuando a un directivo o jefe se le menciona que hay un problema que requiere de su actuación, este responda: «Yo no lo sabía, nadie me dijo nada, la gente no habla», porque en realidad nadie le ha contado nada al respecto. En realidad, lo que sucede es que, si la gente no habla, es porque no confía. Hay una frase genial del fotógrafo de la agencia Magnum Steve McCurry que lo resume todo: «Una buena imagen no se puede capturar, hay que hacerla». La gente no se abrirá a menos que primero se les demuestre empatía en la convivencia profesional o personal.

Integridad

La cuarta base de la confianza es la integridad, que incluye el respeto, la ética, la transparencia y la legalidad. La confianza es, como sabemos, la piedra angular de cualquier organización: permite que florezcan las relaciones, que se coordinen las acciones, que aumente la creatividad, en definitiva, que la empresa evolucione y alcance sus resultados.

Como sabemos, en *coaching*, la confianza se basa en tres juicios: sinceridad, competencia y credibilidad. Supongamos que nuestros dirigentes son personas sinceras, es decir, supongamos que el primer paso de la confianza está cubierto.

Un lugar de trabajo caracterizado por la desconfianza y la falta de valores es poco probable que sea un lugar feliz o productivo. En cambio, un lugar de trabajo saludable se da cuando los directivos y los trabajadores son coherentes en sus acciones, abiertos y productivos en sus actitudes y honestos en su trato con los demás.

También es importante tener en cuenta la relevancia de la integridad de una empresa para construir la confianza del cliente, y es que la imagen pública de una marca es fundamental para su éxito. Cuando los clientes saben que pueden confiar en que una marca determinada ofrece una calidad constante a un precio razonable, la marca está en el camino del éxito comercial. Sin embargo, desarrollar esta integridad requiere una plantilla y un sistema de control de calidad dedicados a tratar con honestidad al cliente y a resolver los problemas con rapidez y eficacia. Cuando una empresa empieza a recortar gastos y no cumple las expectativas del cliente, el negocio puede decaer a medida que se erosiona la confianza del cliente.

¿Cómo generar confianza en un equipo de trabajo?

En la travesía de liderar a un equipo efectivo, la confianza es la brújula que nos guía hacia el éxito. A continuación comparto doce consejos fundamentales para forjar y fortalecer la confianza en nuestro equipo de trabajo, para construir una base sólida para el logro conjunto.

1. **Predica con el ejemplo:** el líder, como faro, debe iluminar el camino. Demuestra la confianza en acción y establece un modelo de comportamiento basado en la integridad y la responsabilidad.
2. **Mantén informado al equipo:** la transparencia es la piedra angular de la confianza. Comparte la información relevante y mantén a tu equipo en el circuito de decisiones y cambios.

3. **Admite los errores:** la humildad es una virtud del líder. Reconoce tus errores y demuestra que estás dispuesto a aprender y mejorar.

4. **Sé sincero:** la sinceridad es la moneda de la confianza. Habla con honestidad, evita las artimañas y construye un entorno de comunicación franca.

5. **Capacita a los compañeros:** la confianza se nutre del crecimiento. Invierte en el desarrollo de tus compañeros y empodéralos con habilidades y conocimientos.

6. **Fomenta los comentarios:** escuchar es el vínculo de la confianza, y alentar la retroalimentación abierta y constructiva fortalece la confianza mutua.

7. **Evita el favoritismo:** la imparcialidad es fundamental. Evita mostrar preferencias injustas y trata a todos los miembros del equipo con igualdad y equidad.

8. **Sé justo:** la justicia es el ancla de la confianza. Toma decisiones imparciales y basadas en méritos para promover la equidad y la cohesión.

9. **Considera los argumentos:** escuchar diversas perspectivas es enriquecedor. Ten en cuenta los argumentos de los demás con apertura y respeto.

10. **Practica la escucha activa:** escuchar no es solo oír palabras, significa comprender. Practica la escucha activa y demuestra interés genuino por las preocupaciones y puntos de vista de tu equipo.

11. **Actúa de forma coherente y consecuente:** la coherencia genera confianza. Mantén tu palabra y sigue un conjunto coherente de valores y principios.

12. **Lucha por el éxito del equipo:** la confianza se cimienta en un objetivo compartido. Trabaja incansablemente para el éxito del equipo, e inspira a todos a alcanzar metas más elevadas.

Estos consejos, como capítulos en el libro del liderazgo, son las páginas que dan forma a una narrativa de confianza en tu equipo. Al abrazar estos principios, te conviertes en el autor de un relato exitoso, donde la confianza es la protagonista que impulsa a tu equipo hacia la grandeza.

El cambio masivo para trabajar desde casa durante la pandemia empezó a erosionar nuestra confianza en los compañeros, la cual es una creencia que se construye lentamente a través de interacciones repetidas durante un largo periodo de tiempo. En este sentido, los investigadores del comportamiento organizativo Alisa Yu (de la Stanford Graduate School of Business y doctora en Comportamiento Organizativo), Julian Zlatev (profesor adjunto de Administración de Empresas en la Harvard Business School) y Justin M. Berg (profesor adjunto de Comportamiento Organizativo en la Stanford Graduate School of Business) han demostrado que el reconocimiento emocional (el acto de reconocer verbalmente los sentimientos de otra persona) influye en la confianza interpersonal.

Reconocer las emociones de los demás puede reforzar las relaciones sociales en el trabajo. El simple hecho de poner palabras a cómo se sienten tus compañeros puede ayudarte a conectar con ellos a un nivel más profundo. Por ejemplo, decirle a un colega «pareces disgustado» hace que la gente lo vea como más digno de confianza. No solo la persona reconoce las emociones, sino que todos los observadores son testigos de ellas. Cuando das voz a las emociones negativas, la gente siente que te preocupas más y, por tanto, está más dispuesta a confiar en ti.

Hay que señalar que reconocer las emociones genera más confianza que reconocer la situación. La gente da más crédito a quienes expresan directamente sus emociones («Pareces disgustado») que a quienes expresan la situación («Parece que tu reunión ha ido mal»), ya que las emociones son fundamentales para nuestra identidad y nuestras experiencias internas. Así, cuando alguien reconoce nuestras emociones en lugar de la situación, nos sentimos más valorados y humanizados.

Los investigadores también analizaron lo que ocurre cuando las personas no reconocen las emociones de los demás. Resulta que, si se reconoce de manera errónea una emoción positiva («Pareces tranquilo») cuando alguien siente lo contrario, eso puede dañar realmente la confianza. Sin embargo, por el contrario, cuando se reconoce erróneamente una emoción negativa («Pareces triste») en alguien que se siente alegre, no hay penalización de confianza por ese error. Esto se justifica por el hecho de que, cuando se está de buen humor, es posible que no se necesite apoyo adicional, mientras que, al reconocer una emoción negativa, el reconocedor siempre señala que está dispuesto a proporcionar apoyo si fuera necesario.

Así pues, reconocer las emociones de los demás en el lugar de trabajo tiene ventajas reales, pero ¿por qué lo hace tan poca gente? La investigación ha demostrado que, aunque las personas creen que reconocer las emociones negativas conduce a vínculos sociales más fuertes, lo hacen con menos frecuencia en su vida cotidiana porque piensan que es arriesgado y requiere una inversión de tiempo, energía y esfuerzo.

Sin embargo, a pesar de lo dicho, el reconocimiento emocional es una táctica que debe utilizarse con cuidado, y no todo el tiempo. Pero, sea como sea, es importante recordar que la forma en que reaccionamos a las emociones de los demás nos da una información relevante sobre nuestras relaciones sociales: ¿me entiende esta persona? ¿Le importo a esta persona? ¿Tengo una buena relación con esta persona? Cuando reconocemos las emociones, damos a las personas la seguridad y la libertad de expresarse. Y, durante los momentos difíciles, hablar y compartir cómo nos sentimos es vital para reforzar los vínculos, construir la confianza interpersonal y acelerar la recuperación colectiva en el trabajo.

Por último, el barómetro de la confianza está cambiando y se está convirtiendo en un factor clave para los consumidores. En 2022, el 88 % de los consumidores pensaba que la confianza era más importante en tiempos de cambio, y el 74 % afirmaba que la comunicación transparente era ahora más importante que antes de la pandemia. Además, el 68 % aseguraba confiar en las empresas que actúan en beneficio de la sociedad, lo que supone un aumento del 9 % con respecto a 2020.[2]

¿Cómo generar confianza en las empresas?

Para las empresas, construir y reforzar la confianza con sus principales interesados dependerá de su capacidad para cumplir su propósito declarado, utilizar la tecnología de forma ética y garantizar resultados beneficiosos. La confianza se considera ahora, pues, un acto de gestión esencial.

En una relación profesional, la confianza se construye a dos niveles: hay que desarrollar la confianza de los colegas y se debe obtener su confianza. Estos dos componentes son inseparables, y ahí radica la dificultad.

Desarrollar la confianza de un empleado es una cuestión de autonomía: concederla demuestra que tienes confianza. Permitir que un empleado tome la iniciativa, que evolucione con seguridad dentro de su propio perímetro, demuestra que tenemos una visión benévola y no solo que estamos ahí para controlar.

Además, hacer cumplidos merecidos y justificados también es un signo de confianza. Todos conocemos a directi-

2. Shalene Gupta, «Brands, take note: Your customers aren't afraid to dump you if they lose your trust», *Fast Company*, 2022. Disponible en: <https://www.fastcompany.com/90749497/salseforce-survey-2022-trust-business-customers>.

vos que solo echan la culpa y nunca hacen cumplidos. Sin embargo, admitir que algo se ha hecho bien, reconocer el trabajo realizado, es parte de la gestión; hoy en día cada vez más se hace en forma de *coaching*, y eso no socava tu autoridad de ninguna manera.

De hecho, mostrarse orgulloso del trabajo de los compañeros no es un signo de debilidad, sino más bien una señal del compromiso genuino de un directivo. Y conduce en última instancia a un *win-win*: si confían en mí y tengo confianza, seré más feliz y trabajaré mejor, mi nivel de estrés disminuirá, estaré más sereno, más comprometido, seré más eficiente, más creativo, etcétera. Lo que nos lleva a que la confianza se deriva de la benevolencia: si soy amable con mis equipos, me ganaré su confianza.

A continuación comparto cinco principios básicos que pueden ayudar a guiar el camino:

1. **La confianza como característica de un producto o servicio:** en la era de la inteligencia artificial, los algoritmos y la automatización, la tecnología trabaja con nosotros y directamente en nuestro nombre, a menudo sin nuestra intervención. Esto desencadena prejuicios profundamente arraigados y genera miedo y desconfianza. Así pues, comprender la psicología humana y diseñar en consecuencia será clave para generar confianza y, por tanto, impulsar la adopción de las nuevas tendencias. Hacer de la confianza, mediante el diseño, un principio rector integrado en todo el ciclo de vida

de la conceptualización, el diseño y la prueba de un producto o servicio antes de su lanzamiento servirá para facilitar la adaptación. En cada etapa, entonces, debemos preguntarnos cómo puede este producto o servicio generar la confianza de nuestro cliente.

2. **Transparencia radical:** articular claramente la propuesta de valor de un producto o servicio y, lo que es más importante, cumplir esa propuesta será fundamental para generar confianza. Mediante una transparencia radical, las empresas pueden mostrar el beneficio deseado al cliente y alertarlo de los riesgos. Explicar abiertamente los pros y los contras, pues, permite a los clientes decidir si participan o no.

3. **Trazabilidad de extremo a extremo:** la mala gestión, la apropiación indebida de datos y los casos de fracaso de los productos pueden generar una desconfianza profunda e irreversible. Por ello, la trazabilidad de extremo a extremo, con *blockchain* o tecnología de libro mayor distribuido, por ejemplo, puede inspirar más confianza al ofrecer a los clientes una visión general del ciclo de vida del producto o servicio.

4. **Prácticas empresariales éticas e integridad inquebrantable:** en el mundo empresarial, es habitual escuchar o leer en páginas web que muchas empresas son «éticas», como si la ética fuera un premio que, al mencionarlo o escribirlo, otorgara una distinción.

Un aspecto esencial de la confianza es conocer las intenciones de la otra parte. Los clientes quieren ver que las empresas trabajan en su interés, y las empresas deben articular de forma clara su propósito y establecer un marco ético que lo respalde, sobre todo en relación con el uso de las nuevas tecnologías. Y es que, cuando las empresas demuestran una integridad inquebrantable, los clientes confían en sus productos y servicios.

No cabe duda, en fin, de que el comportamiento ético debe promoverse como pilar fundamental de cualquier empresa, y como factor determinante percibido y tenido en cuenta por el público en general.

5. **Seguros:** el viejo adagio todavía es cierto: la confianza se gana, no se da. El uso de métricas, como la Net Trust Score, propuesta en el informe del proyecto para un capitalismo inclusivo de Embankment, proporciona un medio para medir la confianza y puede ayudar a transmitir garantías de fiabilidad. También ofrece un medio de supervisar los progresos y garantiza que toda la organización se centre en mantener niveles saludables de confianza.

¿Cómo inspirar confianza en un discurso?

Cuando preparamos un discurso nos centramos en todos los aspectos de la comunicación. Sin embargo, como señala David Horsager, director general del Trust Edge Leadership Institute, es importante centrarse en generar confianza. Para que nuestras presentaciones sean eficaces, por lo tanto, primero debemos generar confianza en nuestro público.

Horsager ha dedicado su carrera a ayudar a organizaciones a generar confianza y publica un estudio anual, el Trust Outlook, con su equipo del Trust Edge Leadership Institute, sobre el impacto de la confianza en los sectores y en todo el mundo. A lo largo de los años, ha aprendido mucho sobre la importancia de generar confianza y sobre cómo los líderes la ganan y la pierden. Así, por ejemplo, en el Trust Outlook de 2020, el 80 % de los estadounidenses afirmaron que no seguirían a un líder en el que no confiaran. Según la investigación, la principal razón por la que la gente no compra a un vendedor es la falta de confianza. Además, casi ocho de cada diez personas en los Estados Unidos no recomendarían los productos o servicios de alguien en quien no confían.

Allison Shapira, que enseña habilidades de la comunicación en la Harvard Kennedy School y es fundadora y directora ejecutiva de Global Public Speaking, había asistido a una de las conferencias de Horsager, y entonces pensó en nuevas formas para que los líderes pudieran utilizar sus *skills* de comunicación para generar confianza. Reflexionó sobre cómo ella y su equipo enseñan persuasión, y encontró un vínculo directo entre esta mentalidad y la cuestión de la confianza. Y, cuando se puso en contacto con Horsager para hablar del tema, se dieron cuenta de que sus puntos de vista al respecto eran complementarios. A continuación, identificaron cinco habilidades que un líder puede utilizar para ganar adeptos y generar confianza en el contexto de una presentación.

Así, según Horsager y Shapira, al preparar una asamblea general o una presentación ante su equipo directivo, un líder debe repasar las cinco habilidades y preguntarse cómo aborda cada una de ellas en la presentación:

1. **Claridad:** un líder no puede ganarse la confianza si no es claro, sobre todo respecto a las expectativas de la audiencia, pues la gente desconfía de todo lo que es demasiado ambiguo o complejo. La claridad es especialmente importante cuando nos dirigimos a un público desconocido que no conoce de antes tu obra. La mejor manera de ser claro es, entonces, identificar de antemano el propósito de tu presentación, utilizar una estructura clara con transiciones lógicas para lograr ese propósito y luego leer tu presentación en voz alta y preguntarte si tendrá sentido para tu audiencia, y ajustarla si es necesario.

2. **Cuidado:** sentirse poco apreciado fue la principal razón que dieron las personas para dejar un trabajo en el Trust Outlook de 2018. Los líderes deben preguntarse, pues: «¿Cómo puedo demostrar que me importa mi público?». Hay muchas formas de proyectar compasión. Cuando utilizamos un lenguaje inclusivo, como «Lo hemos hecho juntos», en lugar de «Lo he hecho por ti», atraemos al público. Cuando nos ponemos en

el lugar de nuestro público y empatizamos con sus sentimientos, por tanto, hacemos que se sienta escuchado y comprendido. La compasión también significa dedicar tiempo antes de la presentación: prepararla y organizarla, pues así demostramos que nos preocupamos lo suficiente por el público para preparar contenidos que sean relevantes para él.

3. **Competencia:** inspiramos confianza cuando demostramos que sabemos hacer nuestro trabajo. Cada vez que hablamos, nuestro público evalúa no solo si creemos en lo que decimos, sino también si somos capaces de hacerlo. Podemos proyectar competencia de varias maneras cuando hablamos. En primer lugar, podemos demostrar nuestro conocimiento del tema utilizando ejemplos de nuestra propia experiencia o compartiendo las tendencias actuales de nuestro sector. En segundo lugar, demostramos competencia al invertir en nuestras habilidades de presentación para ofrecer un discurso coherente y convincente.

4. **Conexión:** en su influyente artículo «The Neuroscience of Trust» [La neurociencia de la confianza], el profesor Paul Zak explicaba cómo las historias llegan a las emociones del público, producen oxitocina en su cerebro y conducen a una sensación de confianza y conexión. La narración de historias es una forma poderosa de presentarse a un público nuevo, ya que es a través de los valores compartidos como el público empieza a conectar contigo a nivel personal. La mejor manera

de llegar a tu público es, entonces, compartir historias que demuestren transparencia y vulnerabilidad.
5. **Coherencia:** esta es una de las competencias más importantes. Lo que nos convierte en buenos oradores es el hecho de que podamos convencer tanto a un grupo de cinco personas como de mil, pues nuestro mensaje y nuestra forma de transmitirlo deben ser los mismos en ambos casos. Además, nuestra preparación también debe ser la misma.

Estas cinco habilidades no son fáciles de desarrollar, pero, una vez que las conviertas en una práctica habitual en tu estilo de liderazgo, te resultará más fácil integrarlas.

Leclerc y la crisis de la carne picada

A finales de octubre de 2005, un lote de filetes picados de la marca Chantegrill, vendidos por los supermercados Leclerc, desencadenó una oleada de intoxicaciones alimentarias. Unos quince niños estaban en estado grave y los medios de comunicación en masa se hicieron eco del caso. La dirección de Leclerc creó de inmediato una célula de crisis que contaba con el responsable de calidad, el comprador de productos, el responsable de mercado, el médico veterinario, el especialista en logística industrial y el servicio de comunicación interna y externa, que se puso en contacto directo con las autoridades sanitarias y agrícolas.

La decisión fue retirar al momento todos los productos afectados y desvincularse de su proveedor, considerado culpable. Leclerc nunca minimizó su responsabilidad y desde el principio mostró verdadera empatía por las víctimas. En este caso, su estrategia de comunicación le permitió preservar su imagen.

Confianza y confidencialidad de los datos

Protección de los datos de los consumidores

Cada vez se aborda más el tema de la privacidad de los datos de los consumidores, y se han puesto en marcha normativas como el RGPD, el marco legal para la protección de datos de la Unión Europea. Es un tema delicado, sobre todo desde la pandemia de covid-19 y la creación de, por ejemplo, la aplicación Stop Covid, que suscitó preguntas e inquietudes.

Como cada vez más consumidores exigen un mayor control sobre sus datos personales, las empresas han creado el cargo de director de Datos, cuya función es escuchar a los consumidores para elaborar la política de datos de la empresa. Este enfoque transparente y ético genera confianza en una marca y la diferencia de la competencia. El director de Datos debe trabajar en tres áreas:

1. **Conservación de los datos de los clientes dentro de la organización**, mediante una herramienta de búsqueda de datos basada en inteligencia artificial que localizará los datos de los clientes y sus fuentes.

2. **Aplicación de reglas y normas relativas al tratamiento de los datos de los clientes**, con el establecimiento de una plataforma de metadatos centralizada que permitirá definir normas en función de la naturaleza y la sensibilidad de los datos (cuánto tiempo se conserva un determinado tipo de datos, quién puede acceder a ellos, con qué fines, etcétera).

3. **Mantener los datos de los consumidores a lo largo del tiempo.** Cada vez que la empresa recopile nuevos datos de los consumidores, deberá verificarlos y enumerarlos para ofrecer una visión centralizada, lo que proporcionará una visión única de los datos de un cliente (sus interacciones con la empresa, el tipo de productos que ha comprado, los canales que ha utilizado, etcétera) y legitimará la confianza del cliente en la empresa.

De hecho, si los consumidores confían en una marca, aceptarán compartir sus datos confidenciales, la cual cosa permitirá a la empresa identificar nuevas oportunidades y nuevos modelos de negocio basados en datos. Por ejemplo, un historial de compras permitirá a una empresa identificar oportunidades de venta adicionales para productos y servicios relacionados y los hábitos de navegación por internet nos darán pistas para orientar mejor las ofertas.

Más allá de las oportunidades comerciales, es la confianza lo que debe primar, sobre todo en tiempos de crisis, porque un consumidor siempre recordará cómo se lo ha tratado durante este periodo.

Secreto y confianza

En general, cuando una empresa innova e inventa un nuevo producto, solicita una patente para proteger su invención. Sin embargo, hoy en día, cada vez más empresas prefieren proteger su propiedad intelectual mediante acuerdos de confidencialidad, sobre todo en el campo de la biotecnología. En un artículo publicado en la *Revue des Sciences de Gestion*,[3] Hélène Delerue examina los vínculos existentes entre la confianza, el secreto, la protección de los activos intelectuales y la apropiación, y este último término lo entiende como la capacidad del propietario de un recurso para obtener rendimientos iguales al valor generado por ese recurso.

Se realizó un estudio empírico entre 123 pequeñas y medianas empresas de biotecnología y, según Hélène Delerue: «Los principales resultados de esta investigación muestran que el secreto aumenta la protección de los activos intelectuales, pero no tiene un efecto significativo directo sobre el grado percibido de propiedad. Además, la confianza como

---

3. Hélène Delerue, «Secret et Confiance: Substitut ou complément dans la protection des actifs intellectuels?», *Revue des Sciences de Gestion*, n.º 233, 2008, pp. 67-75. Disponible en: <https://www.cairn.info/revue-des-sciences-de-gestion-2008-5-page-67.htm>.

elemento de la cultura organizativa aumenta la capacidad de los individuos para mantener y preservar secretos, pero, paradójicamente, podría reducir la eficacia de este mecanismo de protección».

La propiedad intelectual se divide en dos grandes categorías: la que es publicable (patentes, marcas y patentes conjuntas) y la que es confidencial. En este sentido, el creciente valor comercial de la información científica y tecnológica, el aumento de la competencia mundial y el acortamiento del tiempo entre la investigación básica y la aplicada explican en parte el interés por el «secreto».

Hay que señalar que, aunque los secretos pueden protegerse mediante acuerdos de confidencialidad, su protección jurídica es muy incompleta, y a menudo no hay recurso si el secreto se revela o si un competidor lo desenmascara. Por eso es esencial que las empresas refuercen la protección mediante acciones específicas.

La confianza es un elemento esencial en los intercambios económicos y sociales, y, como afirma Hélène Delerue: «Se traduce, dentro de una comunidad, en un comportamiento honesto y cooperativo basado en normas compartidas. Está anclada en la cultura organizativa de la que forma parte». La confianza, también conocida como control social, se basa, así pues, en la cooperación.

Por otra parte, el secreto se mantiene principalmente mediante la introducción de normas, sanciones y procedimientos formales que a menudo reducen el nivel de confianza de los trabajadores hacia los empresarios y los vuelven insensibles a la protección de los acuerdos de confidencialidad.

Esto conduce, entonces, a dos hipótesis:

- Una mayor confianza aumenta el mantenimiento del secreto.
- Mantener el secreto dentro de una organización tiene un efecto negativo en el nivel de confianza.

En efecto, mientras que la confianza se basa en una dimensión comunitaria, el secreto se basa en el interés individual, y esta asimetría de información que se genera puede conducir a comportamientos oportunistas y a un deterioro de los niveles de confianza.

Los resultados de este estudio mostraron que la confianza favorecía el mantenimiento y la preservación de los secretos, y desempeñaba un papel de control. Por otra parte, la cultura del secreto no influye en el nivel de confianza, por lo que confianza y secreto son compatibles en las organizaciones. Por último, se ha demostrado que el recurso al secreto depende de la cultura nacional, en particular debido a las diferencias que pueden existir en el entorno jurídico e institucional. Así, por ejemplo, se ha visto que el secretismo se utiliza más en los Estados Unidos que en Japón.

Reputación y marca personal: ¿en qué beneficia?

Cada vez oímos hablar más de reputación electrónica y marca personal, y quién no se ha divertido un día tecleando su propio nombre en un buscador para ver qué sale y, sobre todo, para evaluar su visibilidad.

Hacerlo es importante, porque nos permite determinar si lo que vemos refleja realmente quién somos, si nuestro pasado afecta a nuestro presente, si la información que aparece nos sirve o nos perjudica. Porque lo que está en juego es nuestra *e-reputación*, además de su reputación en el mundo real. Y, del mismo modo que es fundamental causar una buena impresión y dejar un buen recuerdo durante un encuentro cara a cara, es crucial que la información sobre nosotros en internet también deje una huella positiva.

Sin embargo, ¿por qué es tan importante? Porque lo que la gente ve de nosotros en la prensa y en las redes influye de manera considerable en cómo nos percibirán, no solo en la esfera privada, sino también en la profesional y en la pública. Con la extensión de las redes sociales y la cantidad masiva de contenidos, gestionar nuestra imagen y nuestra comunicación digital es ahora esencial para garantizar que deje un mensaje positivo, al tiempo que preserva nuestra reputación. Por eso es importante que los internautas vean una imagen positiva de nosotros cuando nos busquen en Google, con enlaces a contenidos que hayamos validado.

En consecuencia, todo lo que publiquemos en las redes puede tener consecuencias graves y duraderas. Los reclutadores, por ejemplo, investigan cada vez más a los candidatos cuyos currículums reciben, y podemos vernos automáticamente descartados si hemos publicado contenido inapropiado, hemos colgado fotos comprometedoras, hemos hecho comentarios discriminatorios, hemos mentido sobre nuestras habilidades o hemos compartido información confidencial, por ejemplo.

Por el contrario, dominar nuestra marca personal y afianzarla puede brindarnos oportunidades. La primera medida que hay que tomar será saber por qué queremos que nos reconozcan, pues la respuesta a esta pregunta nos dará el contenido de la información que debemos comunicar. La segunda acción será gestionar nuestra e-reputación, para lo cual hay que monitorizar regularmente Google, asegurar nuestras redes sociales y, sobre todo, pensar antes de publicar contenido *online*. Dejar una imagen positiva en internet nos ayudará, en fin, a gestionar nuestra marca personal.

Confianza y política

Si queremos definir la confianza entre gobernantes y gobernados, se trata de adecuar la acción y la actuación de las autoridades a las preferencias y demandas de los ciudadanos. Cuanto más aumenta la pérdida de eficacia de las políticas, más desafiantes se vuelven los ciudadanos, e incluso pierden interés por la política (como se ve en la tasa de no participación en las elecciones). El estudio de Delerue también demostró que el nivel de relación de confianza está correlacionado con el nivel de conocimientos políticos (algo que aún es cierto en la actualidad): cuantos menos conocimientos políticos tienen las personas, más pierden el interés por el tema, más disminuye su nivel de confianza y más aumenta su escepticismo.

En la misma encuesta, al preguntar a los franceses sobre las tres cuestiones siguientes: la lucha contra el paro, la construcción europea y la inmigración, se constató que los prejuicios influyen mucho en la forma de juzgar las acciones políticas: «Las decisiones públicas sobre el empleo son difíciles de evaluar, pero percibo a los parados como privilegiados que abusan de la protección social. Así que mi sensación es que la política de desempleo es ilegítima e ineficaz, la inmigración es un problema complejo, pero tengo una predisposición positiva hacia los extranjeros. De modo que tengo un juicio positivo sobre las políticas de integración».

En cuanto a las políticas de lucha contra el desempleo, el nivel de confianza suele ser bajo, y acostumbra a demostrarse con frases como: «Ya lo hemos intentado todo», «La idea es buena, pero, en concreto, ¿puede conducir a algo sostenible?». Sea como sea, hoy como ayer, la falta de confianza en las políticas públicas se basa en argumentos tan diversos como la eficacia, los principios generales y las consideraciones prácticas, todos ellos a menudo contradictorios.

Si, por otra parte, la división izquierda-derecha solía ser una buena manera de enterarse de qué iba la cosa, esto ha cambiado en la actualidad. A los votantes, pues, les resulta cada vez más difícil orientarse y, por tanto, confiar: «Votamos a alguien, pero no sabemos lo que hay detrás». Consideran que la oferta electoral no está a la altura de sus expectativas y tienen la impresión de que se los obliga a elegir. «El ciudadano queda así confinado a un papel mínimo. Elige a un representante sin tener la certeza de si tomará las decisiones correctas y sin poder obligarlo a hacerlo [...]. Vemos, pues, que puede haber, sin contradicción, un apego al voto, a la designación electoral de los dirigentes y, al mismo tiempo, una abstención masiva y una desconfianza en las élites resultantes del voto».

La desconfianza hacia los políticos es, de hecho, una preocupación profunda que ha permeado en muchas sociedades a nivel global, y puede desglosarse en dos ejes fundamentales que arrojan luz sobre su compleja naturaleza:

1. **Falta de sinceridad y percepción de corrupción:** uno de los ejes principales de la desconfianza hacia los políticos se centra en la percepción de que son poco sinceros y, en muchos casos, corruptos. Esta creencia ha arraigado debido a numerosos incidentes de corrupción que han salido a la luz en diferentes partes del mundo, y, cuando la corrupción se vuelve rampante, se genera una profunda desconfianza en la integridad de los líderes políticos. La falta de sinceridad en la comunicación también contribuye a esta desconfianza, ya que los políticos a veces esquivan preguntas o dan respuestas ambiguas, lo que socava aún más la confianza pública.

2. **Percepción de distancia y aislamiento:** el segundo eje se relaciona con la percepción de que los políticos son diferentes y a menudo se ven como una élite separada

de la comunidad de ciudadanos comunes. Esta brecha se manifiesta en la percepción de que los políticos forman parte del mundo «poderoso y rico», por lo que no comprenden ni representan las preocupaciones y necesidades de la población en general. Esta desconexión entre los políticos y los ciudadanos se convierte en una fuente importante de desconfianza, ya que la gente siente que sus líderes no los representan de manera adecuada y que están más interesados en sus propios intereses y privilegios.

Estos dos ejes de desconfianza están interrelacionados y se refuerzan mutuamente. La percepción de insinceridad y corrupción alimenta la idea de que los políticos están desconectados de la realidad de las personas comunes, mientras que la percepción de distancia y aislamiento refuerza la creencia de que los políticos son propensos a actuar de manera poco ética.

Así pues, para abordar la desconfianza hacia los políticos, es esencial que los líderes políticos trabajen en la transparencia, la responsabilidad y la comunicación abierta. Restaurar la confianza pública no es una tarea fácil, pero es esencial para mantener la salud de la democracia y la participación ciudadana.

¿Cómo se construye la confianza en los políticos?

El primer criterio es la evaluación del propio interés. Como los electores en general desconocen el contenido preciso de las medidas anunciadas, se basan en su propia experiencia o en la de sus familiares para justificar sus juicios políticos. El segundo criterio está relacionado con la confianza general en la vida. La fragilidad y la penuria favorecen más el pesimismo y la falta de confianza que la estabilidad socioprofesional, lo que demuestra que el aspecto racional no predomina a la hora de generar confianza en este ámbito. Para que haya confianza, es necesaria, pues, una correspondencia entre las necesidades de los ciudadanos y las propuestas de los políticos, y una evaluación positiva de los logros de estas propuestas.

El caso Watergate, un escándalo que sacudió la confianza de los estadounidenses

Este caso de espionaje político tuvo lugar en el edificio Watergate de Washington, que fue utilizado por el Partido Demócrata para las elecciones presidenciales de 1972.

El 17 de junio de 1972, cinco hombres contratados por el Partido Republicano irrumpieron en el edificio para colocar micrófonos, y dos periodistas del *Washington Post*, ayudados por un misterioso informador, revelaron el asunto. La investigación subsiguiente inculpó a estrechos colaboradores del presidente Nixon, que se vio obligado a dimitir. Este escándalo sin precedentes minó gravemente la confianza de los estadounidenses en sus representantes electos.

Sin embargo, el asunto no se hizo público hasta 1973, cuando los estadounidenses descubrieron que su presidente había cometido perjurio al alegar su inocencia. Se inició

entonces un procedimiento de destitución contra él y finalmente dimitió, el 8 de agosto de 1974, deshonrado.
Este escándalo tuvo importantes consecuencias, sobre
todo con el examen de las prácticas diplomáticas y militares,
y provocó una crisis de confianza que golpeó a las instituciones e incluso al Gobierno en su conjunto, ya que la confianza
en él cayó del 76 % en 1964 al 25 % en 1980.[4]

Confianza por países

Algunos científicos sociales sostienen que el desarrollo
económico de las sociedades, su estabilidad y su eficacia
demográfica dependen de la confianza que los individuos
tienen unos en otros. De este modo, en función de la den-
sidad de los vínculos sociales, las sociedades serían más o
menos gobernables y más o menos estables, como señala
Pierre Bréchon, autor de un artículo publicado en la *Revue internationale de politique comparée*.[5] Cita el ejemplo
de Edward Banfield, quien, en los años cincuenta, había
pasado una temporada tanto en un pueblo mormón de los

4. Fuente: *Le Monde diplomatique*.
5. Pierre Bréchon, «Confiance à autrui et sociabilité: analyse euro-
péenne comparative», *Revue internationale de politique comparée*, vol.
10, n.º 3, 2003, pp. 397-414. Disponible en: <https://www.cairn.
info/revue-internationale-de-politique-comparee-2003-3-
page-397.htm>.

Estados Unidos como en un pueblo del Mezzogiorno: «El vínculo social italiano parecía basarse en lazos familiares y clientelistas (amoralismo familiar), mientras que en los Estados Unidos el sentido de la solidaridad y la ayuda mutua comunitaria estaban mucho más desarrollados. Se suponía que esta diferencia cultural explicaba el desarrollo estadounidense y el subdesarrollo italiano». También explica que la confianza «interpersonal» es una forma de construir relaciones y favorecer así la aparición de sistemas democráticos.

Más tarde, Robert Putnam se basó en esta teoría y argumentó que, en Francia en particular, el desarrollo agrícola de la posguerra se vio facilitado por la existencia de un tejido social que iba desde los clubes de fútbol de los pueblos hasta los movimientos de acción católica rural.

Es interesante también preguntarse por qué algunas personas confían de manera espontánea en los demás, mientras que otras son muy desconfiadas. En varias encuestas internacionales, una pregunta mide la confianza espontánea en los demás frente a una actitud prudente en las relaciones. Así, se ha descubierto que en los países del norte de Europa se valora la confianza en los demás, mientras que en el sur la gente es en realidad mucho más desconfiada. También hay cambios respecto al pasado: en Gran Bretaña, la confianza interpersonal está cayendo; al parecer, debido a una grave crisis de una sociedad en la que la politización y el civismo se están derrumbando. Por otra parte, la confianza parece aumentar en algunos países donde ya era bastante alta (Países

Bajos, Dinamarca), mientras que disminuye en países donde ya era muy baja (Portugal).

Los estudios también demuestran que las personas de cultura protestante son más confiadas, como ocurre en los países escandinavos. De hecho, el protestantismo siempre ha valorado las comunidades locales autónomas, con una organización más bien democrática, mientras que el catolicismo siempre ha funcionado según un modelo más jerárquico y centralizado, lo que fomentaría la prudencia en las relaciones sociales. Y es cierto que existe un fuerte individualismo en los países católicos, excepto en Italia, donde la gente es tan altruista como los escandinavos.

Asimismo, se observa que, en general, en todos los países de Europa Central y Oriental hay un bajo nivel de confianza interpersonal: un 38 % en Bielorrusia, un 26 % en Ucrania, un 25 % en Bulgaria, un 23 % en Rusia, Lituania y la República Checa, un 18 % en Polonia, un 15 % en Eslovaquia y un 10 % en Rumanía. Estas cifras pueden explicarse por la mala salud económica de estos países, aunque quizá también por el legado comunista: la rigidez, la «mano dura» que propiciaba un clima de desconfianza interpersonal en la población. Sospechar del vecino evitaba problemas con la ley. Además, las tradiciones jerárquicas ya presentes en muchos de estos países se vieron reforzadas por los sistemas comunistas a través de una cultura ortodoxa.

Por otra parte, las mujeres no son ni más seguras de sí mismas ni más individualistas que los hombres, ni siquiera en los países donde los roles de género están más marcados, como en Europa Occidental u Oriental. Tampoco hay diferencia en función de la edad. La experiencia acumulada de la vida social entre la juventud y la vida laboral tampoco parece alterar los niveles de confianza en los demás ni el nivel de individualismo. Solo la entrada en la vejez, una época en la que la integración social disminuye, se caracteriza por un ligero debilitamiento de la confianza y un aumento del individualismo.

**El grupo Ferrero y la retirada
de los bombones Kinder en 2022**

A finales de marzo y en abril de 2022, se identificaron ciento cincuenta casos de productos contaminados por salmonela, distribuidos en nueve países europeos y vinculados a una planta de producción belga. La justicia belga abrió una investigación y Ferrero reconoció «fallos internos» tras la distribución de lotes contaminados, a pesar de haber reforzado los controles y las medidas de higiene.

Unos días antes de Semana Santa, Ferrero indicó en un comunicado que la lista de los productos contaminados estaba disponible en su página web e invitó a sus clientes a ponerse en contacto con ellos, y precisó que «la responsabilidad de compensar a sus consumidores era una de las prioridades», para lo cual ofrecieron vales.

Si el grupo respondió con eficacia a las dificultades fue porque tenía una idea clara de cómo organizarse en caso de crisis. La capacidad de respuesta, la transparencia y la empatía con las víctimas potenciales son los pilares del éxito de las comunicaciones de crisis.

Todos los ejemplos que hemos visto demuestran que es importante estar alerta y prestar mucha atención a las situaciones, a todo lo que nos rodea. A veces no podemos evitar ir por un camino de locos, pero no podemos perdernos ni un detalle por el camino. Es tan sencillo y directo como evitar problemas, manteniendo una ética que, en última instancia, nos enorgullezca. Para muchos, es complicado, pues vivimos en un mundo lleno de tentaciones, pero al final tenemos que valorar lo efímero de las cosas que nos tientan frente a las cosas, o las personas, que nos hacen sentir confiados.

No hay nada más humilde que reconocer que hay ciertas cosas en esta vida que no somos capaces de afrontar. Por eso, es esencial ser muy honestos con nosotros mismos y realizar con regularidad un ejercicio de introspección. Sin embargo, ser honesto con uno mismo puede llevar mucho tiempo, y es importante saber qué imagen queremos dejar de nuestra vida. Tenemos que preguntarnos, pues, si nuestra reputación es más importante para nosotros que todo el dinero, que todas las tentaciones. Tenemos que saber cómo queremos que nos vean las personas que más importan en este mundo, que son, en definitiva, las más relevantes.

Confianza según los grupos socioprofesionales

La relación entre la confianza y la afiliación a un grupo socioprofesional, el nivel de educación y el nivel de ingresos es un fenómeno complejo que refleja la dinámica social y económica en una sociedad, y se manifiesta en diferentes niveles de confianza en función de la posición ocupacional y socioeconómica de las personas, una tendencia que es observable en numerosos países europeos. Veamos cómo se desarrolla esta relación:

1. Confianza y grupo socioprofesional

—*Profesionales y altos directivos:* las personas que ocupan roles profesionales o de alta dirección tienden a exhibir niveles más altos de confianza, algo que puede atribuirse a factores como el acceso a la educación superior, que suele promover la capacidad crítica y la toma de decisiones informadas. Además, estos grupos suelen tener más recursos y poder de influencia, lo que puede aumentar su confianza en su capacidad para controlar su entorno.

—*Trabajadores y agricultores:* en contraste, los trabajadores y los agricultores, que a menudo enfrentan condiciones laborales más precarias y tienen menos acceso a la educación superior, tienden a mostrar niveles más bajos de confianza. Esto puede deberse a una sensación de falta de control sobre sus vidas y a la percepción de tener menos influencia en los procesos de toma de decisiones en la sociedad.

2. Confianza y nivel de estudios

—*Educación universitaria:* las personas con educación universitaria suelen mostrar una mayor confianza, en parte debido a las habilidades adquiridas en el proceso educativo, que promueven la comprensión crítica y la capacidad para tomar decisiones informadas.

—*Educación básica o menos:* aquellas personas con niveles de educación más bajos pueden experimentar un menor nivel de confianza, ya que pueden percibir que tienen menos acceso a oportunidades y recursos, lo que podría llevar a una mayor desconfianza.

3. **Confianza y nivel de ingresos**

—*Ingresos elevados:* las personas con ingresos más altos a menudo experimentan una mayor confianza debido a su mayor capacidad para satisfacer sus necesidades y tomar decisiones que afectan de modo positivo su vida.

—*Ingresos bajos:* aquellas con ingresos más bajos pueden tener una confianza reducida, ya que pueden sentir que están en una posición de vulnerabilidad económica, lo que podría generar preocupaciones sobre su bienestar y seguridad financiera.

Es importante destacar que estas relaciones son tendencias generales y no tienen por qué ser comunes a todas las personas de estos grupos, pues la confianza es un fenómeno multifacético que también está influenciado por factores culturales, históricos y personales. Además, estas diferencias en los niveles de confianza pueden tener implicaciones importantes para la cohesión social y la participación cívica en una sociedad. Por lo tanto, comprender y abordar estas disparidades es esencial para promover una sociedad más justa y equitativa.

Sea como sea, puede resumirse del siguiente modo: haber estudiado y dominar mejor la relación con los demás es probable que facilite la confianza en los demás. No tener este conocimiento te hace, en cambio, más temeroso, te da un sentimiento de inferioridad que fomenta una actitud precavida.

También se ha observado que, cuanto más se participa en la vida política, más se confía en los demás. En este sentido, el profesor de ciencia política Pierre Bréchon señala que: «La educación recibida modifica el nivel de confianza, y este nivel de confianza repercute en la politización. Cuanto más se interesa uno por lo que existe fuera de uno mismo, cuanto más sociable es y más capaz es de establecer relaciones enriquecedoras con los demás, más probable es que se interese por la política y valore este ámbito de la vida». Incluso llega a evaluar el nivel de confianza según se sea de derechas o de izquierdas: «La confianza es [...] muy baja entre las personas que no se sitúan en el eje izquierda-derecha y entre los centristas, pero también es más alta entre las personas de izquierdas (40 %) que entre las de derechas (34 %) [...]. La interiorización de los valores de izquierdas, entre los que se encuentran la solidaridad y la igualdad, también favorece la confianza interpersonal, aunque, evidentemente, la izquierda no tiene el "monopolio del corazón"».

Confianza y ciencia

En un artículo de 2021, de la publicación *Sciences et Avenir*, se planteaba una pregunta importante: «¿Podemos confiar en la ciencia?».[6] Con la crisis del covid-19, aparecieron en los medios de comunicación y en las redes sociales todo tipo de expertos que se contradecían entre sí. ¿A quién había que creer? Durante un acto de News Tank HER se organizaron dos mesas redondas para responder a esta pregunta, lo que demostró que el método científico aún es muy desconocido para el gran público.

Y es que la pregunta sobre si podemos confiar en la ciencia es una cuestión fundamental que involucra no solo la esencia misma de la ciencia como empresa humana, sino también sus resultados, aplicaciones y el papel que desempeña en la sociedad. A continuación exploraremos varios aspectos que arrojan luz sobre esta pregunta crucial:

1. **La naturaleza de la ciencia:** la ciencia es un proceso continuo de investigación, descubrimiento y revisión de conocimientos. Está arraigada en el escepticismo y la autoevaluación, lo que significa que los científicos cuestionan y revisan de modo constante sus hallazgos a medida que obtienen más datos y evidencia. Este pro-

6. Dominique Leglu, «Peut-on faire confiance aux scientifiques?», *Sciences et Avenir*, 2021. Disponible en: <https://www.sciencesetavenir. fr/fondamental/peut-on-faire-confiance-aux-scientifiques_151515>.

ceso riguroso y autocrítico es uno de los aspectos que respaldan la confiabilidad de la ciencia.

2. **La metodología científica:** la ciencia se basa en un enfoque metódico y empírico para investigar el mundo natural. Los científicos formulan hipótesis, realizan experimentos y recopilan datos para respaldar o refutar sus suposiciones. Este proceso es transparente y sujeto a verificación por parte de la comunidad científica, lo que brinda una capa adicional de confiabilidad.

3. **Revisión por pares:** antes de que los resultados científicos se publiquen en revistas académicas, se someten en general a un proceso de revisión por pares en el que otros expertos en el campo evalúan la calidad y validez del trabajo. Esto ayuda a garantizar que los hallazgos se ajusten a los estándares científicos y aumenta la confianza en su precisión.

4. **Independencia y diversidad:** la ciencia se basa en la colaboración y la diversidad de pensamiento. Los científicos trabajan en una variedad de disciplinas y contextos, lo que impide la concentración del poder y la influencia en manos de unos pocos. Esta diversidad promueve la integridad y la objetividad en la investigación científica.

5. **Limitaciones y cambio constante:** es importante reconocer que la ciencia no es infalible y tiene sus limitaciones. Los resultados científicos pueden cambiar a medida que se obtiene más información, y algunas investigaciones pueden tener sesgos o limitaciones me-

todológicas. Sin embargo, la capacidad de autocorrección y mejora continua es un aspecto fundamental de la ciencia.

6. **Impacto en la sociedad:** la ciencia tiene un impacto significativo en la sociedad, por ejemplo, en áreas como la medicina, la tecnología y la toma de decisiones políticas. La confianza en la ciencia es, pues, crucial para que la sociedad se beneficie de estos avances y para abordar desafíos globales como el cambio climático y las pandemias.

En resumen, la confianza en la ciencia es razonable cuando se comprenden sus procesos, principios y limitaciones. La ciencia es un método valioso para entender el mundo que nos rodea y abordar problemas complejos, y la confianza en la comunidad científica es esencial para aprovechar su potencial y avanzar hacia un futuro mejor. Sin embargo, es importante mantener un sentido saludable de escepticismo y estar dispuesto a cuestionar los resultados científicos a medida que evoluciona nuestra comprensión del mundo.

SC Johnson

En 2017, el grupo SC Johnson fue totalmente transparente sobre los alérgenos cutáneos, pues fue más allá de los requisitos normativos y se adelantó a otras empresas al publicar un artículo sobre el tema en su sitio web.[7] De hecho, en esa fecha, los alérgenos cutáneos figuraban en la lista de ingredientes de más de ocho mil setecientos productos de SC Johnson vendidos en todo el mundo.

«Para nosotros, la transparencia es una cuestión de principios. Queremos ayudar a las personas a tomar las mejores decisiones para sus familias. Al igual que, cuando empezamos a enumerar los conservantes, colorantes y fragancias, no nos limitamos a seguir las normas del sector. Queremos contar toda la verdad. Este es un paso más en el camino hacia una mayor transparencia», declaró Fisk Johnson, presidente y director general de SC Johnson.

Su ejercicio de transparencia recibió numerosos elogios, entre ellos los de Ken Cook, presidente y cofundador del Grupo de Trabajo Ambiental (EWG): «Al dar este paso, SC Johnson aumentará el conocimiento de millones de consumidores sobre las sustancias químicas de los productos de limpieza que pueden provocar reacciones alérgicas en la piel. Una vez más, SC Johnson pone el listón muy alto para otras empresas. Esta demanda de transparencia se está extendiendo rápidamente a otras industrias y se está convirtiendo en la norma para las empresas que, como SC Johnson, dan gran importancia a proporcionar a los consumidores tanta información sobre los ingredientes como sea posible».

7. SC Johnson, «Un monde plus transparent». Disponible en: <https://www.scjohnson.com/fr-fr/our-purpose/commitment-to-transparency/sc-johnson-gives-families-the-whole-story-with-skin-allergens-now-in-ingredient-lists>.

Confianza en el deporte

En el deporte, la confianza es múltiple: confiamos en que un atleta logre grandes hazañas y actuaciones sin doparse. Por otra parte, los deportistas confían en que sus federaciones sancionen a los infractores.

En 2016, un grupo de atletas envió una carta a los presidentes del COI (Comité Olímpico Internacional) y de la AMA (Agencia Mundial Antidopaje) para expresar su indignación por la falta de eficacia en la lucha contra el dopaje. Acusaron a estos organismos de «quebrantar la confianza» de los atletas de todo el mundo por su incapacidad para luchar eficazmente contra el dopaje ruso y concluían su carta diciendo: «Nos encontramos en una verdadera encrucijada. Nunca hemos tenido tantas pruebas incriminatorias en la historia, y debemos actuar en consecuencia. Si el juego limpio y los atletas limpios son realmente la esencia del movimiento olímpico, debemos actuar. Corremos el riesgo de perder la confianza de los ciudadanos en el deporte».

Es cierto que los casos de dopaje son legión en muchos deportes, y que ello mina la confianza no solo de los aficionados, sino también de los deportistas. Y, sin embargo, nos encontramos con que la confianza en el deporte es un aspecto poco estudiado por los investigadores, lo cual es sorprendente, porque es precisamente un ámbito en el que se espera confianza, con cohesión en un grupo en particular.

La confianza es un elemento central en el mundo del deporte, y su presencia se manifiesta de diversas maneras, tanto en la expectativa de los espectadores como en la relación entre los deportistas y las federaciones deportivas, como apuntaba. A continuación, exploraremos cómo la confianza se entrelaza en el contexto deportivo:

1. **Confianza en los atletas**
   —*Expectativas de grandes hazañas:* los aficionados confían en que los atletas puedan lograr hazañas asombrosas y actuaciones excepcionales sin recurrir al dopaje. Esta confianza se basa en la creencia de que el deporte es una competición justa y que los logros de los atletas son producto de su talento, dedicación y trabajo duro.
   —*Ética deportiva:* la confianza en los atletas también implica la creencia en su integridad y ética deportiva. Los aficionados confían en que los deportistas compitan de manera justa y respeten las reglas del juego, sin recurrir a trampas o prácticas deshonestas.

2. **Confianza en las federaciones deportivas**
   —*Sanciones a infractores:* por otro lado, los deportistas confían en que sus federaciones deportivas sean responsables de mantener la integridad del deporte. Esto incluye la confianza en que las federaciones sancionarán a los infractores, incluidos aquellos que se involucran en el dopaje o cometen otras violaciones de las reglas.
   —*Transparencia y justicia:* los deportistas confían en que las decisiones de las federaciones sean transparentes y justas. Esto significa que las sanciones se impongan de

manera imparcial y basada en la evidencia, y que se proteja la reputación y los derechos de los atletas que compiten de manera honesta.

La importancia de la confianza en el deporte

Así pues, la confianza en el deporte es esencial para su propia integridad y para mantener intacta su capacidad de inspirar a las personas en todo el mundo. Cuando los atletas y las federaciones deportivas actúan con honestidad y ética, se fomenta un ambiente en el que los logros deportivos son verdaderamente admirados y celebrados.

En cambio, la falta de confianza, ya sea en atletas individuales o en las instituciones deportivas, puede tener un efecto perjudicial en el deporte y en la percepción que el público tiene de él. Y es que la revelación de casos de dopaje o trampas puede socavar la confianza y causar un daño duradero a la credibilidad del deporte.

En última instancia, la confianza en el deporte es un componente esencial para mantener su integridad y asegurar que las hazañas deportivas sean genuinas y respetadas. La confianza, tanto en los atletas como en las organizaciones deportivas, es un cimiento sólido sobre el cual se construye el espíritu deportivo y la pasión por el juego limpio.

V. Recuperar la confianza perdida

Solo hay una forma de saber si un hombre es honesto:
preguntarle. Si dice que sí, entonces no lo es.

GROUCHO MARX (1890-1977)

Galford y Drapeau plantearon en febrero de 2003 la siguiente cuestión: pregunte a un grupo de directivos de su empresa si ellos y sus colegas directivos más cercanos son dignos de confianza y, en caso afirmativo, cómo lo saben. Resulta que la mayoría dirá que ellos son de fiar y que la mayor parte de sus colegas también lo son. Sin embargo, a la pregunta de si los compañeros son capaces de generar confianza dentro de la organización, la respuesta es algo diferente: un gran porcentaje afirma tener poca o ninguna confianza en la capacidad del grupo para generar y mantener la confianza.

¿Cómo explicar la discrepancia entre estas dos respuestas? Se necesita algo más que integridad personal para construir una organización digna de confianza. Requiere, dicen, «competencias, procesos de apoyo inteligentes y una atención inquebrantable por parte de la alta dirección». Y es que la confianza en una organización es mucho más complicada y frágil que la confianza en una relación individual, por ejemplo, entre un vendedor y un cliente. En una organización, las personas son bombardeadas cada día con mensajes múltiples y a menudo contradictorios, y los distintos grupos tienen objetivos diferentes y muchas veces contradictorios.

Los autores sostienen que lo que complica la cuestión es que la gente utiliza la palabra «confianza» para referirse a tres tipos diferentes de ámbitos:

- **Confianza estratégica:** es la confianza que tienen los empleados en los directivos para tomar las decisiones estratégicas correctas. ¿Tienen los altos directivos la visión y las aptitudes necesarias para marcar el rumbo correcto, asignar los recursos de forma inteligente, cumplir la misión y contribuir al éxito de la empresa?
- **Confianza personal:** es decir, la confianza que los empleados tienen en sus propios jefes. ¿Tratan los directivos a los empleados de forma justa? ¿Tienen en cuenta sus necesidades a la hora de tomar decisiones sobre la empresa y anteponen las necesidades de la empresa a sus propios deseos?
- **Confianza organizativa:** la confianza que los ciudadanos tienen en la propia empresa. ¿Están los procesos bien diseñados, son coherentes y justos? ¿Cumple la empresa sus promesas?

Se observa que, siempre que una persona viola la confianza personal de sus subordinados directos, se socava su confianza organizativa. Y existe asimismo una fuerte correlación entre la confianza y el rendimiento de las empresas. Si los empleados confían en sí mismos y en sus líderes, asumirán riesgos inteligentes, superarán los desacuerdos, trabajarán más y aportarán mejores ideas.

El caso Irán-Contra

En 1986-1989, durante la Administración Reagan, estalló un escándalo relacionado con un acuerdo secreto para vender armas a Irán, a través de Israel, para ayudar a financiar a los Contras (rebeldes que luchaban contra el Gobierno socialista sandinista de Nicaragua). Hacerlo era ilegal porque violaba los límites del Congreso a la financiación del grupo, las restricciones a la venta de armas a Irán e iba en contra de la estrategia general del Gobierno federal de no pagar rescates por rehenes, ya que el acuerdo se estableció a cambio de rehenes estadounidenses secuestrados por Hizbulá en el Líbano a principios de la década de 1980.

Cuando estalló el escándalo, Oliver North, miembro del Consejo de Seguridad Nacional, fue acusado de fraude y obstrucción a la justicia, y condenado por falsificar una cronología de los hechos en el Congreso, destruir documentos gubernamentales cuando se supo de la trama y aceptar ilegalmente un regalo.

Los enemigos de la confianza

En primer lugar, es legítimo preguntarse cómo son los enemigos de la confianza. Estos pueden ser simplemente una persona o una organización cuya cultura castiga la disidencia o entierra el conflicto. Algunos están bien identificados y declarados, mientras que otros son más sigilosos, como el rumor que se extiende, distorsionado, tras una conversación que debería haber permanecido privada. En realidad, la lista de enemigos puede ser interminable. Sin embargo, para hacerlo más fácil, comparto a continuación una lista de problemas que pueden conducir a un abuso de confianza:

- **Mensajes incoherentes:** estos mensajes, que pueden producirse tanto en el exterior como en el interior, tienen un impacto significativo en la confianza. Por ejemplo, un directivo que planea celebrar reuniones para debatir un nuevo proyecto y luego las aplaza una vez tras otra y al final las cancela del todo alegando que no es el momento adecuado. Sus empleados se mostrarán escépticos y perderán la confianza en su superior.

- **Normas incoherentes:** el comportamiento de un superior debe ser coherente con todos sus empleados y no debe tratar a ninguno de un modo más favorable que a otro. Del mismo modo, debe asegurarse de que nadie se salte las normas, sino que todos las cumplan.

- **Benevolencia fuera de lugar:** a algunos directivos les resulta difícil «castigar» a un empleado por un comportamiento inadecuado o incluso censurable o por incompetencia. A veces alguien ocupa un puesto que no merece, sus colegas cuestionan su legitimidad y el directivo se resiste a despedirlo. En este caso, la incompetencia destruye tanto el valor como los tres tipos de confianza.

- **Personas negativas:** a menudo agraviadas e ignoradas, no hacen nada para sabotear la organización, pero sus colegas notan la negatividad, algo que puede llegar a ser contagioso.

- **Personas inestables:** estas personas, a veces incluso desagradables, tienen conocimientos técnicos que las salvan a ellas y a su pellejo.

- **Personas muy ambiciosas:** tienden a atropellar a sus compañeros, son incapaces de trabajar en equipo y anteponen sus propios intereses a los de la empresa.

- **No confiar en los demás:** a un perfeccionista o adicto al trabajo puede resultarle difícil confiar, por lo que trabajar con ellos puede ser muy complicado.

- *An elephant in the room* (un elefante en la habitación): esta expresión idiomática procede del inglés y se refiere al importante asunto en peligro que todo el mundo ve, pero nadie se atreve a mencionar. Algunas situaciones son tan dolorosas que es más fácil ignorarlas, aunque sería importante hablar de ellas para comprenderlas, como ocurre con un despido repentino, por ejemplo, o un rumor escandaloso.

- **Rumores en el vacío:** cuando los equipos saben que ocurre algo significativo, pero desconocen toda la historia, tenderán a sobreinterpretar, y es entonces cuando circularán rumores negativos.

- **Rendimiento insuficiente constante de la empresa:** una empresa que no cumpla de manera sistemática las expectativas fijadas por su equipo verá mermada su confianza.
- **Tiempos de crisis:** inevitablemente, habrá momentos en los que la confianza dentro de la empresa se vea minada, sobre todo en tiempos de crisis. Para tranquilizar a los equipos, hay que tratarlos como adultos y hablarles con transparencia, hay que decirles lo que sabemos, decirles qué no sabemos, etcétera. Porque es en tiempos de crisis cuando se corre el riesgo de perder la confianza de los empleados.

Ya se trate de un episodio de violencia, de un accidente o del defecto grave de un producto, una crisis puede afectar profundamente a la salud de la empresa. Y a menudo el daño no se produce por el incidente en sí, sino por la forma en que se gestiona internamente. Así, los líderes de la empresa o los miembros del equipo de crisis están tan distraídos por las presiones externas que no gestionan la crisis interna con cuidado y atención, algo peligroso, porque los empleados no se sienten seguros durante una crisis. Buscan razones para confiar en sus líderes, pero de inmediato encuentran motivos por los que no pueden confiar en ellos. En este caso, no debemos dudar en buscar ayuda y nunca tenemos que esconder. Al contrario, hay que hacer saber a la gente que nos ocupamos de la situación y que los informaremos de cada paso que demos para resolverla.

Incluso los mejores cometen a veces errores que erosionan la confianza, que es el ingrediente crucial de la eficacia organizativa. Así pues, construirla, cuidarla y restaurarla cuando se deteriora debe ser una prioridad en la agenda de todo director general.

Domino's Pizza, o cómo recuperar la confianza perdida

En abril de 2009, dos empleados de la empresa se grabaron cometiendo actos insalubres con algunos de los ingredientes utilizados en la preparación de las pizzas. El vídeo se publicó en YouTube y alcanzó casi un millón de visitas en pocos días, además de la cobertura de algunos medios de comunicación convencionales.

La reacción de la marca no se hizo esperar: despidió a los dos empleados, cerró el local donde se había producido el incidente y permitió a los clientes seguir pidiendo por internet. Esta desafortunada historia llevó a Domino's Pizza a vigilar de cerca las redes sociales y también a descubrir que los clientes se quejaban del sabor a cartón de la masa.

Entonces cambiaron de rumbo, y fomentaron la comunicación entre la empresa y sus clientes para reconquistarlos. Más tarde, crearon una campaña ágil llamada «El giro de la pizza», en referencia a un cambio de concepto y al relanzamiento del producto que implicaría a internet, las redes sociales y las relaciones públicas, entre otros elementos de comunicación.

Cuando tú eres la causa de la pérdida de confianza

La confianza es fundamental en las relaciones y es esencial intentar restablecerla una vez perdida, aunque parezca imposible. Si somos los autores de un abuso de confianza, es importante que sepamos que puede que no esté todo perdido. Según Karen Cook, catedrática de Sociología de la Universidad de Stanford (California), la confianza «suele definirse, de forma un tanto abstracta, como la disposición a ser vulnerable ante otra persona o ante una institución».

El máximo nivel de confianza significa que la gente puede confiar en que actuemos en su nombre o en su interés, incluso cuando tenemos el potencial de aprovecharnos de ellos o de causarles daño, afirma Michele Williams, profesora de la Escuela de Negocios Tippie de la Universidad de Iowa, y «mejora la colaboración y la cooperación».

El caso XYZ

Durante la Revolución francesa, los franceses registraron los barcos estadounidenses que se dirigían a Inglaterra. El presidente John Adams envió una delegación a París para resolver el problema, pero los tres diplomáticos franceses implicados dejaron claro a los estadounidenses que solo negociarían si se los sobornaba. Los estadounidenses se negaron, y el presidente Adams hizo público el asunto. El pueblo estadounidense se indignó por el comportamiento de los franceses (llamados X, Y y Z en los documentos redactados), y esto condujo a una guerra naval no declarada de dos años, conocida como la Cuasi Guerra.

George Logan, un ciudadano y médico de Filadelfia, tomó la iniciativa de entablar negociaciones privadas con los dirigentes franceses, y sugirió formas de contrarrestar la postura de su Gobierno. Como consecuencia, los miembros del Congreso, enfadados, se dieron cuenta de que la supervivencia de su Gobierno estaba en juego y aprobaron una ley (Ley Logan, en 1799) que impedía a los Gobiernos extranjeros colaborar con ciudadanos particulares para evitar que estos socavaran de nuevo las políticas del Gobierno estadounidense.

Cuando la otra parte está en el origen de la pérdida de confianza

En las empresas, es saludable establecer rutinas de control que den la impresión de que se miran y analizan las cosas, aunque solo sea de vez en cuando. Confiar a alguien un negocio u otra cosa; confiar a alguien, sin más seguridad que la buena fe y tu opinión sobre él, tu propiedad, tu secreto o cualquier otra cosa; dar a alguien la esperanza de que obtendrá lo que desea, esperar con firmeza y seguridad, eso es la confianza.

Cuando se pierde la confianza, se pierden también la esperanza, la seguridad y las expectativas. Es duro para el que deja de confiar, pero también para el que deja de ser digno de confianza, aunque este último a menudo no es consciente de la situación.

La confianza es, en fin, la base del buen funcionamiento de la economía y la vida social, y este depende de la confianza de sus operadores, al igual que el buen funcionamiento de una familia depende de la confianza generada entre sus miembros. El rendimiento personal también está subordinado a la confianza que uno tenga en sus propias posibilidades, al igual que el rendimiento de un equipo depende de la confianza que tenga en sus propias capacidades. Todo esto nos lleva al argumento de que una de las cosas más importantes que podemos perder en esta vida es la confianza de los demás en nosotros. Y esta pérdida puede producirse por multitud de motivos, uno de los cuales es la pérdida de confianza en nosotros mismos.

El caso de Texaco

En 1994, un grupo de empleados minoritarios de Texaco presentó una denuncia por discriminación racial contra el gigante petrolero, y dio a conocer que los empleados negros cobraban menos que los blancos por el mismo trabajo. Dos años más tarde, las tensiones alcanzaron un nivel crítico cuando altos ejecutivos de Texaco fueron grabados en secreto menospreciando a los trabajadores negros.

El entonces presidente y consejero delegado, Peter Bijur, reconoció la gravedad de la situación y supo que tenía que actuar con rapidez para reparar la confianza rota. Empezó por contratar a un abogado externo para que investigara el asunto. El objetivo de que interviniera un tercero neutral era disipar cualquier sospecha de conflicto de intereses. También creó un comité especial del consejo para evaluar la formación de la empresa en materia de diversidad. Este paso demostró que Texaco valoraba la diversidad y los valores compartidos de la cultura corporativa, y los empleados que no compartían estos valores eran despedidos, suspendidos o se les recortaban las pensiones.

Para que las acciones de la empresa fueran más predecibles para los empleados, Bijur contrató a un respetado juez para que evaluara las políticas de recursos humanos de Texaco, y la empresa cambió las que se consideraron injustas o poco transparentes. Además, se envió a altos directivos a todas las sedes de la empresa para pedir disculpas por las humillaciones sufridas a los trabajadores negros.

Estas acciones no solo mostraron el enfoque benevolente por parte de la dirección, sino que también abrieron canales de comunicación con los empleados escépticos. Asimismo, permitieron a los trabajadores discriminados confiar de nuevo en la empresa. La confianza no se restableció de la noche a la mañana, pero los esfuerzos dieron sus frutos, ya que en 1999 Bijur recibió un premio de una asociación nacional afroamericana por su compromiso con la diversidad, y en 2000 Texaco fue elogiada por SocialFunds.com por ser un «modelo de lucha contra el racismo empresarial».

Este ejemplo demuestra, pues, que la confianza rota puede repararse con el tiempo si los líderes adoptan los comportamientos adecuados.

Hemos visto a grandes empresas aumentar los salarios bajos y a otras invertir para asegurarse de que su dinero nunca vaya a parar a inversiones que puedan dañar el medioambiente, lo que genera confianza de que las guían prácticas empresariales éticas.

El caso de Lionel Messi

Lionel Messi, cuyo padre se encargó de su carrera, dijo que firmó documentos sin leerlos realmente porque confiaba en su padre y en los asesores encargados de gestionar sus finanzas. Admitió que no sabía nada de asuntos fiscales y que solo le importaba el fútbol. Asimismo, aseguró desconocer que sus ingresos se canalizaban a través de sociedades creadas en países como Uruguay, Suiza y Belice con el objetivo de reducir la carga fiscal del jugador. Se trata, como es obvio, de un caso de confianza ciega en los demás que puede acabar muy mal.

Cuando la pérdida de confianza es mutua

Cuando las dos partes de un acuerdo manifiestan que se ha violado su confianza, lo más probable es que nadie esté actuando de forma justa u objetiva.

Es comprensible enfadarse cuando se ha traicionado nuestra confianza, pero nunca se debe caer en la venganza o la represalia. Es mejor, en cambio, entrar en un proceso de resolución de conflictos y evaluar la pérdida de confianza para comprender mejor la situación. De hecho, reconocer que la confianza se ha resquebrajado e iniciar el proceso de recuperación lo antes posible solo puede ser una ventaja.

También permitirá identificar con antelación las medidas que deben adoptarse para restablecer la confianza perdida.

La confianza en las organizaciones y las personas es un aspecto intrincado y multifacético que no se puede simplificar ni cuantificar con facilidad. Esto se debe a la complejidad inherente de las dinámicas organizacionales y las variaciones individuales. En consecuencia, identificar y medir la confianza en una organización o en un líder en particular es un desafío, ya que involucra una interacción compleja de factores psicológicos, sociales y culturales.

Las organizaciones son estructuras con una gran variedad de actores, desde líderes hasta colaboradores y partes interesadas externas, cada uno con sus propias motivaciones, valores y comportamientos. La confianza en una organización se basa en la percepción de cómo actúan todos estos actores en conjunto, la cual puede variar ampliamente según la experiencia y la perspectiva de cada individuo.

En cuanto a los líderes dignos de confianza, la definición de lo que caracteriza a un líder confiable es subjetiva y puede variar de una persona a otra. Algunas personas valorarán la inteligencia y la capacidad de liderazgo, mientras que otras pueden enfocarse en la integridad y la ética. En última instancia, la confianza en un líder se basa en la combinación de sus acciones y su comportamiento y en la percepción de su idoneidad por parte de aquellos a quienes lidera.

La confianza, en resumen, es un concepto profundamente arraigado en la psicología humana y la interacción social, y su evaluación es un proceso complejo y subjetivo. No existe una fórmula universal para medir la confianza en las organizaciones o en los líderes, y esta es una de las razones por las que es un tema de estudio y reflexión constante en la psicología, la sociología y la gestión organizacional.

Hoy ya no se ve a los políticos como vectores de cambio, y por eso asistimos a una deserción cívica. Jean-Vincent Holeindre señala que ha habido tal acumulación de crisis que los políticos ya no son vistos como hombres que miran al futuro, sino como personas que dedican su tiempo a gestionar emergencias.

El escándalo de Crédit Mobilier

En 1867, Crédit Mobilier, una empresa estadounidense dedicada a la construcción del ferrocarril Union Pacific, utilizó sus acciones para sobornar a altos cargos de la Administración del presidente Ulysses S. Grant (entre ellos, al vicepresidente, al presidente de la Cámara de Representantes y a otros miembros del Congreso) para que apoyaran la construcción de un ferrocarril transcontinental.

Este escándalo, que estalló en 1872, es un excelente ejemplo de capitalismo corrupto y de amiguismo que incluso desacreditó al presidente, aunque no estuviera personalmente implicado, y, por extensión, a la política de reconstrucción de la Administración de proteger los derechos de los negros contra el terror de los blancos en el Sur posterior a la Guerra Civil.

VI. Nuevas tecnologías y confianza: los retos

> La fuerza es confianza por naturaleza.
> No hay signo más evidente de debilidad
> que desconfiar instintivamente de todo y de todos.
>
> ARTURO GRAF (1848-1913)

A medida que el mundo avanza hacia un futuro más digital e interconectado, la confianza se convierte en un valor cada vez más relevante. Esto es sobre todo cierto en el nuevo mundo metaverso, donde los entornos virtuales se están convirtiendo en una parte central de nuestras vidas. Mientras navegamos por este nuevo mundo, es importante comprender cómo inspirar confianza en estas nuevas tecnologías y comunidades virtuales.

Así, una forma de inspirar confianza en el metaverso es dar prioridad a la transparencia y a la responsabilidad, lo cual significa ser abierto y honesto sobre los datos que se recopilan y cómo se utilizan. Como señala la experta en tecnología Danah Boyd, «la transparencia no consiste solo en revelar información, sino en crear una cultura de transparencia en la que la gente se sienta cómoda compartiendo información entre sí». Esto puede lograrse si se ofrecen explicaciones claras sobre las políticas de recopilación de datos, se comparten informes de uso de datos y se permite a los usuarios controlar sus propios datos.

Otra forma de inspirar confianza en el metaverso es dar prioridad a la seguridad y a la privacidad. Cuanta más y más información personal se comparte en línea, más preocupados están los usuarios por la seguridad de sus datos. En consecuencia, las empresas deben tomar medidas para garantizar que los datos de los usuarios están protegidos de las ciberamenazas y que la información personal no se comparte sin consentimiento. Según el experto en ciberseguridad Bruce Schneier: «La única forma de mantener la privacidad es tener control sobre tus datos», lo cual puede lograrse si se aplican medidas de seguridad sólidas, como el cifrado, la autenticación de dos factores y auditorías de seguridad periódicas.

Además de la transparencia y la seguridad, otra forma de inspirar confianza en el metaverso es fomentar un sentimiento de comunidad y pertenencia. A medida que los entornos virtuales se vuelven más inmersivos, los usuarios buscan conexiones sociales y un sentimiento de pertenencia. Esto puede lograrse si se crean espacios donde los usuarios puedan interactuar entre sí de forma significativa, ya sea a través de eventos virtuales, experiencias compartidas o proyectos de colaboración. En palabras de Danah Boyd: «La comunidad no es solo proximidad, sino valores compartidos y sentido de pertenencia».

Por último, es importante recordar que inspirar confianza en el metaverso es un proceso continuo. Al mismo tiempo que la tecnología evoluciona y surgen nuevos retos, las empresas deben seguir adaptándose e innovando para mantener la confianza de los usuarios. Como señala el experto en realidad virtual Jaron Lanier: «La clave para generar confianza es demostrar continuamente que se trabaja en el mejor interés de los usuarios». Esto significa estar al día de las últimas amenazas a la seguridad, escuchar las opiniones de los usuarios y responder a sus necesidades cambiantes.

Inspirar confianza en el nuevo mundo metaverso es, en fin, un proceso complejo y continuo que requiere un enfoque polifacético. Al dar prioridad a la transparencia, la seguridad, la comunidad y la innovación continua, las empresas pueden generar y mantener la confianza en estos nuevos entornos virtuales. Mientras la tecnología sigue evolucionando, es importante no olvidar que la confianza es una moneda valiosa que debe ganarse y cultivarse con el tiempo.

¿Podemos confiar en la inteligencia artificial en el ámbito médico?

La inteligencia artificial (IA) tiene el potencial de revolucionar el campo de la medicina gracias a la capacidad de analizar con rapidez y precisión grandes cantidades de datos. Sin embargo, a medida que la IA se hace más frecuente en la atención sanitaria, surgen dudas sobre si podemos confiar en los sistemas de IA para tomar decisiones que alteren la vida, pues, aunque tiene algunas ventajas, preocupa la posibilidad de sesgos, errores y falta de transparencia.

Un ámbito en el que la IA se utiliza ampliamente es en el diagnóstico médico. Los sistemas de IA pueden analizar imágenes médicas, como radiografías y resonancias magnéticas, e identificar con rapidez posibles problemas. Un ejemplo de ello es el sistema DeepMind, de Google, que puede diagnosticar enfermedades oculares con gran precisión. Sin embargo, como señala la experta en tecnología Cathy O'Neil: «La IA es tan buena como los datos con los que se entrena». Si los datos están sesgados o son incompletos, el sistema de IA puede hacer diagnósticos incorrectos o incompletos.

Otro campo en el que se utiliza la IA en la atención sanitaria es en el desarrollo de fármacos, en el cual la IA puede analizar a gran velocidad grandes cantidades de datos para identificar posibles candidatos a fármacos, lo que puede acelerar el proceso de desarrollo de medicamentos. Sin embargo, preocupa la falta de transparencia de este proceso. Como señala el Centro Hastings de ética médica: «Los algoritmos de IA pueden ser opacos, lo que dificulta saber cómo se toman las decisiones». Esta falta de transparencia puede dificultar determinar, en fin, si un candidato a fármaco es seguro y eficaz.

A pesar de estas preocupaciones, hay formas de generar confianza en los sistemas de IA en la atención sanitaria. Una de ellas es garantizar que los datos utilizados para entrenar los sistemas de IA sean diversos y representativos, lo que puede ayudar a reducir el riesgo de sesgo en el sistema de IA. Otra forma es garantizar que este sistema sea transparente en su proceso de toma de decisiones. Como señala la experta en tecnología Kate Crawford: «Los sistemas de IA deben ser responsables y transparentes para que podamos entender cómo se toman las decisiones». Esto puede ayudar a generar confianza en el sistema de IA y garantizar que toma decisiones en el mejor interés de los pacientes.

Además de generar confianza en los sistemas de IA, es importante recordar que esta no sustituye a los médicos humanos. Aunque puede ayudar a analizar grandes cantidades de datos y a identificar posibles problemas, no puede sustituir al toque humano y la intuición, esenciales en la asistencia sanitaria. Como señala el doctor Eric Topol, director del Scripps Research Translational Institute: «La IA no sustituirá a los médicos, pero los aumentará». La IA, pues, puede ayudar a los médicos a tomar decisiones más informadas, pero, en última instancia, son los médicos humanos los que tomarán las decisiones sobre la atención al paciente.

En definitiva, aunque la IA tiene el potencial de revolucionar la atención sanitaria, existen dudas sobre si podemos confiar en los sistemas de IA para tomar decisiones que alteren la vida. Sea como sea, mientras seguimos explorando el potencial de la IA en la atención sanitaria, es importante abordarla con cautela y escepticismo, pero sin dejar de estar abiertos a su potencial para mejorar la atención al paciente.

Es evidente que la inteligencia artificial es muy prometedora para mejorar la calidad y reducir el coste de la asistencia sanitaria, tanto en los países desarrollados como en los que están en vías de desarrollo, sin embargo, muchos estudios demuestran que los pacientes no confían en ella. Están convencidos de que ellos mismos saben más, confían más en los humanos y, sobre todo, creen que no pueden responsabilizar a la inteligencia artificial de los errores del mismo modo que lo harían con un humano.

No obstante, cada vez hay más aplicaciones sanitarias basadas en la IA para la atención diagnóstica, algunas accesibles a través de teléfonos inteligentes. Google, por ejemplo, anunció recientemente su entrada en este mercado con una herramienta basada en la IA que ayuda a las personas a identificar afecciones de la piel, el cabello y las uñas.

Un artículo publicado en la *Harvard Business Review* muestra que los consumidores ven la inteligencia artificial como una caja negra y no entienden cómo toma decisiones médicas.[8] Cuando se les pidió que explicaran cómo un médico o un algoritmo observarían las imágenes de su piel para identificar lesiones cutáneas cancerosas y tomar decisiones,

---

8. Chiara Longoni, Romain Cadario y Carey K. Morewedge, «For Patients to Trust Medical AI, They Need to Understand It», *Harvard Business Review*, 2021. Disponible en: <https://hbr.org/2021/09/for-patients-to-trust-medical-ai-they-need-to-understand-it#>.

no supieron cómo hacerlo; o, al menos, el estudio demostró que, cuanto más intentaban explicar los procesos de toma de decisiones de un médico o de un algoritmo, menos capaces eran de explicarlos sobre el médico. Eso se debe a que, en realidad, sobreestiman cómo toman las decisiones médicas los seres humanos.

En otro experimento, realizado con una muestra representativa a escala nacional de 803 estadounidenses, se midió el grado de comprensión subjetiva de los procesos humanos o algorítmicos de toma de decisiones para el diagnóstico del cáncer de piel y, a continuación, se comprobó su comprensión real. Para ello, se diseñó un cuestionario con la ayuda de expertos médicos: un equipo de dermatólogos de una facultad de medicina de los Países Bajos y un equipo de desarrolladores de una popular aplicación de detección del cáncer de piel en Europa. Los resultados mostraron que, si bien tenían una menor comprensión subjetiva de las decisiones médicas tomadas por los algoritmos, su comprensión real era igualmente limitada en ambos casos.

Si los responsables políticos quieren que los pacientes confíen en la IA médica, deben permitirles, entonces, entenderla. En un experimento, se les explicó cómo ambos tipos de proveedores utilizan el marco ABCD (asimetría, borde, color y diámetro) para examinar las características de un lunar con el fin de realizar una evaluación del riesgo de malignidad. En otro experimento, se les explicó cómo ambos tipos de proveedores examinan la similitud visual entre un lunar objetivo y otros lunares que se sabe que son malignos.

Con estas intervenciones, la diferencia en la comprensión percibida de la toma de decisiones algorítmica y humana se redujo al aumentar la comprensión percibida de la primera. En consecuencia, aumentó la intención de los participantes de recurrir a proveedores de atención algorítmica, sin que disminuyera su intención de recurrir a proveedores humanos. La única forma de conseguir que los humanos confíen en la inteligencia artificial es, pues, abrir su caja negra y explicar el funcionamiento de forma clara.

El metaverso: ¿podemos confiar en este nuevo mundo?

¿Qué es el metaverso?

El metaverso, que difumina aún más las fronteras entre realidad y virtualidad, representa un terreno interesante para analizar la nueva dimensión de la confianza. El término, sin embargo, no es nuevo, ya que fue acuñado en 1992 por Neal Stephenson para describir un mundo paralelo accesible a través de unos auriculares. En este mundo, a través de nuestro avatar, podemos movernos e interactuar con los objetos y el entorno que nos rodea.

En un artículo publicado en la *Harvard Business Review* el 5 de abril de 2022, Mark Purdy, consultor independiente de negocios y tecnología, nos ofrece una visión del futuro del trabajo que promete el metaverso: «Imagine un mundo en el que pudiera mantener una conversación en la playa con sus colegas, tomar notas en una reunión mientras flota en una estación espacial o teletransportarse de su oficina en Londres a Nueva York, todo ello sin salir de la puerta de su casa. ¿Se siente presionado con tantas reuniones programadas para hoy? Así que ¿por qué no enviar en su lugar a tu gemelo digital con inteligencia artificial para que te quite el trabajo de encima?». Añade que en el metaverso se pueden hacer amigos, tener mascotas virtuales, comprar ropa o inmuebles virtuales, asistir a eventos, crear y vender arte digital y ganar dinero.

Hoy hablamos de cascos de realidad virtual (VR), gafas de realidad aumentada (AR), 5G, *edge computing* (método de optimización utilizado en la computación en nube que consiste en procesar los datos en el borde de la red, cerca de la fuente de los datos), los grandes modelos lingüísticos entrenados (GPT-5) y el *blockchain* (método de almacenamiento y transmisión de datos en forma de bloques enlazados protegidos contra toda modificación), con la amplificación de las criptomonedas a sus espaldas, dos innovaciones que permiten desarrollar un espacio de información personal totalmente seguro, autentificado y susceptible de transacciones etiquetadas, con tokens no fungibles (NFT).

La criptomoneda, por ejemplo, es una relación entre dos partes, ya que el vendedor y el comprador estarán solos en el escenario, sin la intervención de un tercero, como podría ser un banco. Y esto es justamente lo que puede plantear el problema de la confianza. De hecho, ¿quién garantizará la seguridad de la relación?

Este metaverso es, pues, un universo que hay que explorar con urgencia, nos dicen, pero se plantea la cuestión de la confianza: ¿debemos confiar en estas nuevas tecnologías que, seamos sinceros, nos superan totalmente? Aparece un sentimiento dual: por un lado, todo esto nos asusta, pero, por otro, sentimos que no tenemos elección y que debemos interesarnos por ello ahora.

Algunas marcas se meten en el metaverso

En medio de la segunda oleada de covid, Facebook anunció que había cambiado su nombre por el de Meta. En el diario *Les Echos* del 29 de marzo de 2022, nos enteramos de que Facebook dedicaría diez mil millones de dólares a partir de 2021 al desarrollo de Reality Labs y a contratar a diez mil empleados en Europa en un plazo de cinco años. Y parece que Google prepara su respuesta.

Grandes nombres del B2C también se han subido al carro, como Nike, que acaba de adquirir la *start-up* RTFKT (que se pronuncia más o menos como «artefacto»), creada en 2020 y que diseña principalmente productos virtuales. El 13 de diciembre de 2021, la marca publicó un vídeo en las redes sociales en el que se ve a un hombre cambiando el aspecto virtual de sus zapatos y su cara con un solo clic en su teléfono. Esta adquisición permitirá a Nike acelerar su transformación digital, sobre todo en el metaverso. «Nuestro plan es invertir en la marca RTFKT, hacer crecer su comunidad creativa y ampliar el negocio digital de Nike», ha declarado en un comunicado su consejero delegado, John Donahoe. Un mes antes, Nike se asoció con el juego en línea *Roblox* para crear Nikeland: un mundo virtual gratuito donde los usuarios pueden vestir a sus avatares con sus artículos.

RTFKT crea entrenadores y artefactos virtuales utilizando NFT, y, en febrero de 2022, consiguió vender una colección de unos seiscientos pares de zapatillas físicas y virtuales, diseñadas por el artista Fewocious, por 3,1 millones de dólares en solo siete minutos. La empresa también colaboró en la creación de la colección de diez mil personajes virtuales históricos pilotada por Larva Labs y, por último, dio a conocer su último proyecto: CloneX, con el que creará veinte mil avatares únicos en 3D en asociación con el artista japonés Takashi Murakami. Una cifra de 1,6 millones de euros en *Sandbox*, un juego en línea donde los jugadores pueden crear experiencias virtuales. Y el sector de la moda no se queda al margen: Gucci vende en el metaverso un bolso que cuesta más que en el mundo real: la versión digital de la bolsa Dionysus con una abeja por avatar.

Pero, mientras muchas marcas se lanzan a la aventura y el metaverso transforma profundamente nuestros hábitos de consumo, tenemos derecho a preguntarnos hasta qué punto podemos confiar en este nuevo universo.

Los consumidores siguen cautos

Estas nuevas tecnologías están llevando a las empresas a replantearse su modelo de negocio y su papel. Ven el metaverso como un mundo donde los usuarios pueden entretenerse, trabajar y socializar, pero los consumidores siguen recelosos de dar el paso, y aún falta confianza. Por el momento, los franceses la asocian sobre todo con el entretenimiento. En especial desde los sucesivos confinamientos, estarían dispuestos a pagar por acceder a eventos como conciertos, obras de teatro o visitas a museos. El rapero Lil Nas X organizó un concierto en el mundo virtual de *Roblox* durante el encierro. Sin embargo, solo el cinco por ciento de los franceses estaría dispuesto a utilizar el metaverso para eludir las restricciones sanitarias, y solo el quince por ciento de los encuestados querría invertir su dinero en ropa digital para sus avatares.

En un artículo de la revista *L'Éclaireur*, del grupo FNAC, del 15 de enero de 2022, nos enteramos de que el setenta y cinco por ciento de los franceses desconfían del metaverso.[9] De hecho, menos de una persona de cada dos ha oído hablar del tema, según una encuesta del Instituto de Estudios de Opinión y Marketing en Francia (IFOP). Así pues, aunque las empresas parecen lanzarse a construir

9. Kesso Diallo, «75 % des Français se méfient du métavers», *L'Éclaireur*, 2022. Disponible en: <https://leclaireur.fnac.com/article/61850-75-des-francais-se-mefient-du-Metaverse/>.

sus mundos virtuales, pocos franceses se plantean crear su doble digital. El metaverso puede estar de moda, pero, en Francia, menos de una persona de cada dos ha oído hablar de él. Esta es una de las conclusiones de una encuesta realizada por el IFOP entre 1 022 personas, del 4 al 5 de enero de 2022, en la que otro setenta y cinco por ciento de los franceses se declara temeroso de esta nueva tecnología. Por supuesto, la cifra cambia según el grado de conocimiento, y pasa del 49 % entre los jóvenes de dieciocho a veinticuatro años al 87 % entre los mayores de sesenta y cinco años. Los Estados, por su parte, tendrán que velar por que el mundo virtual respete las mismas normas que el mundo real, pues ya ha habido casos de acoso sexual en el metaverso, como el que ocurrió, en diciembre de 2021, en *Horizon Worlds*, una plataforma social de realidad virtual.

Según la misma encuesta, solo el quince por ciento de los franceses aceptaría que su cuenta de Facebook se asociara a perfiles digitales en los mundos virtuales. No es de extrañar, dados los escándalos asociados a ella. Me viene a la cabeza el asunto de Cambridge Analytica: en 2014, esta empresa explotó ilegalmente los datos de ochenta y siete millones de usuarios de Facebook. Y solo uno de cada tres franceses dice confiar en la empresa para crear y gestionar un metaverso.

Las nuevas condiciones laborales disparan el índice de confianza... o no

Esta reticencia hacia el metaverso es solo temporal, ya que el mundo está cambiando. Desde la pandemia, las empresas buscan nuevas soluciones alternativas, con el trabajo a distancia, que el metaverso hará posible.

Mark Purdy cree que el metaverso «está llamado a remodelar el mundo laboral en al menos cuatro aspectos clave: nuevas formas inmersivas de colaboración en equipo, la aparición de nuevos colegas digitales y capacitados para la IA, la aceleración del aprendizaje y la adquisición de competencias mediante la virtualización y las tecnologías basadas en el juego y el eventual surgimiento de una economía metaversa con empresas y funciones laborales completamente nuevas».

En la revista *Le Point*, el 21 de abril de 2022, nos enteramos de que los abogados empiezan a poner su nombre en el metaverso, como el bufete PacisLexis Family Law. Antoine Bert, su director estratégico, explica el interés del planteamiento: «En el grupo de Facebook del bufete, la gente menciona a menudo la dificultad de ponerse en contacto con su abogado. La proximidad que proporciona el metaverso elimina estas frustraciones, sobre todo en el derecho de familia». Y añade que, «dentro de cinco años, los que no hayan dado el paso estarán desfasados».

Al mismo tiempo que provoca una transformación de las prácticas profesionales, el metaverso también sacude el panorama jurídico y las cuestiones que se plantean recuerdan a las de la época de la llegada de internet. «La noción de propiedad sufrirá una revolución. Habrá litigios relacionados con la venta de NFT, estos certificados digitales que permiten identificar al propietario de un bien único (foto, vídeo, terreno virtual, etcétera), pero cuya calificación jurídica está en debate», explica Georgie Courtois, socia de De Gaulle Fleurance & Associés.

Multitud de cuestiones nos llevan a pensar que la confianza puede verse minada, y surgen preguntas como las siguientes:

- ¿Puede el avatar ser víctima de acoso?
- ¿Puede anularse la venta de un terreno por vicios ocultos?
- ¿A quién pertenecen los bienes adquiridos en el metaverso?
- ¿Están protegidas las marcas?
- ¿Qué ocurre con la privacidad de los usuarios?

Eliminar el aislamiento

El metaverso abre nuevas perspectivas para repensar la oficina y el entorno de trabajo. Algunas empresas ya están plenamente activas en este campo, como NextMeet, con sede en la India, una plataforma de realidad inmersiva basada en avatares y centrada en soluciones interactivas de trabajo, colaboración y aprendizaje. Su función es eliminar el aislamiento y la desconexión de la mano de obra que pueden derivarse del trabajo a distancia e híbrido. Como a algunas personas no les gusta aparecer detrás de una cámara, a través de esta nueva plataforma, serán sus avatares los que podrán seguirles en su oficina virtual, en reuniones e incluso hacer una presentación en directo. Mark Purdy explica que «los participantes acceden al entorno virtual a través de su ordenador de sobremesa o dispositivo móvil, eligen o diseñan su avatar y, a continuación, utilizan los botones del teclado para navegar por su espacio: teclas de flecha para desplazarse, doble clic para sentarse en una silla, etcétera». El fundador de NextMeet, Pushpak Kypuram, pone el ejemplo de la incorporación de empleados: «Si incorporas a diez compañeros nuevos y les enseñas o les das un documento PDF para presentarles la empresa, perderán la concentración a los diez minutos. Lo que hacemos, en cambio, es pasearlos por una sala o galería en 3D, con veinte estands interactivos, donde pueden conocer la empresa. Haces que quieran pasear por la sala virtual, no leer un documento».

NextMeet no es la única que trabaja en estos temas, y muchas otras empresas del metaverso se están centrando en soluciones laborales que ayuden a contrarrestar la fatiga de las reuniones por vídeo y la desconexión social del trabajo a distancia. PixelMax, una empresa emergente con sede en el Reino Unido, ayuda a las organizaciones a crear lugares de trabajo inmersivos diseñados para mejorar la cohesión de los equipos, el bienestar de los empleados y la colaboración.

El siguiente paso es, pues, conectar diferentes lugares de trabajo virtuales. En última instancia, integrar el trabajo virtual de este modo reduciría el estrés de los empleados. De hecho, un estudio realizado por Nuffield Health en el Reino Unido reveló que a casi un tercio de los trabajadores británicos a distancia les resultaba difícil separar su vida personal de la profesional, y más de una cuarta parte tenía dificultades para desconectar al final de la jornada laboral. Por tanto, estos lugares de trabajo virtuales pueden proporcionar una mejor delimitación entre el hogar y la vida laboral, y crear la sensación de entrar en el lugar de trabajo cada día, para luego salir y despedirse de los compañeros. Y tu avatar puede sustituirte en tu pausa para comer.

Elegir dónde trabajar y crear tu propia oficina

¿Estás cansado de tu gris y aburrida oficina del centro de la ciudad? En el metaverso, puedes crear tu propia oficina, quizás en una playa. Gather, una plataforma internacional de realidad virtual que permite a empleados y organizaciones construir su propia oficina, ya lo ofrece. Desde «La oficina de la Estación Espacial», con vistas al planeta Tierra, hasta «La oficina Pirata», con vistas al océano, camarote de capitán y salón para socializar. Y, si eres menos aventurero, también puedes ubicarla en el tejado de tu edificio o en un jardín.

Benefíciese de la ayuda de sus colegas digitales

Sus compañeros de trabajo en el metaverso no se limitarán a avatares de sus colegas del mundo real. Lo acompañarán una serie de colegas digitales: robots que actuarán como asesores y asistentes, y que harán gran parte del trabajo pesado en el metaverso y lo liberarán para tareas más productivas y de valor añadido.

En los últimos años, se han hecho enormes progresos y están surgiendo humanos digitales capaces de entender textos y conversaciones de voz, conversar en lenguaje natural, detectar e interpretar contextos, mostrar emociones, hacer gestos similares a los humanos y tomar decisiones.

UneeQ, una plataforma tecnológica internacional, crea seres humanos digitales capaces de trabajar en una amplia variedad de campos y funciones diferentes. Conocemos a Nola, una asistente digital de compras o conserje de las tiendas Noel Leeming de Nueva Zelanda; a Rachel, una asesora hipotecaria, y a Daniel, un doble digital del economista jefe de UBS, que puede reunirse con varios clientes a la vez para ofrecer asesoramiento personalizado sobre gestión patrimonial.

Acelerar el tiempo de aprendizaje y formación

El metaverso podría revolucionar la formación y el desarrollo de competencias al reducir de manera drástica el tiempo necesario para desarrollar y adquirir nuevas habilidades, ya que los entrenadores digitales habilitados por la inteligencia artificial podrían estar a mano para ayudar en la formación y el asesoramiento profesional de los empleados. Cada objeto (manual de formación, máquina o producto) podría hacerse interactivo mediante visualizaciones en 3D y guías paso a paso.

Esto ya ocurre en el campo de la medicina: Medivis utiliza la tecnología HoloLens de Microsoft para formar a estudiantes de medicina a través de la interacción con modelos de anatomía en 3D, y Embodied Labs recurre a vídeo de 360 grados para ayudar a los trabajadores médicos a experimentar los efectos de la enfermedad de Alzheimer y las deficiencias audiovisuales relacionadas con la edad para ayudar a hacer diagnósticos.

Revolucionar el mundo laboral

Al igual que internet trajo nuevas formas de trabajar, el metaverso permitirá que surjan empresas diseñadas y desarrolladas íntegramente en este nuevo mundo. Ya existen agentes inmobiliarios en la plataforma Decentraland que permiten a la gente comprar, vender y crear negocios en parcelas virtuales, ganando una moneda digital llamada mana.

Aumentar el factor de riesgo y desmitificar la confianza

Todos estos ejemplos demuestran que el metaverso abre el campo de las posibilidades. Trabajar sobre el terreno puede generar confianza: en los proveedores, en las soluciones propuestas. Sin embargo, también puede provocar un gran estrés: ¿no acabarán sustituyéndonos estos humanos digitales altamente escalables que no se toman descansos para tomar café, a los que no parece importarles hacer tareas repetitivas o poco gratificantes y que pueden desplegarse en varios lugares al mismo tiempo? Es legítimo plantearse esta pregunta. Si intentamos simplificar demasiado las cosas, corremos el riesgo de cortarnos por las rodillas.

Conclusión

La confianza debe darnos paz. La buena fe no basta, hay que demostrarla, porque los hombres siempre ven y rara vez piensan.

SIMÓN BOLÍVAR (1783-1830)

Como hemos visto en este recorrido de 360 grados, la confianza vincula todas nuestras acciones, cimienta nuestras relaciones y nuestras expectativas sobre los demás. No obstante, el contexto actual de crisis permanente desafía esta noción de confianza en muchos ámbitos. La volatilidad, la incertidumbre, la complejidad y la ambigüedad son cualidades que hacen que una situación o condición sea difícil de analizar, reaccionar o planificar. Entender cómo mitigar estas cualidades puede mejorar enormemente las capacidades estratégicas de un líder y conducir a mejores resultados.

La volatilidad se refiere a cambios frecuentes, rápidos y significativos que pueden iniciarse por pequeños desencadenantes. En un mercado volátil, los precios de las materias primas pueden subir o bajar considerablemente en poco tiempo. La incertidumbre, por su parte, se produce cuando los acontecimientos y los resultados son imprevisibles, y no se sabe en qué dirección irán los acontecimientos.

La complejidad, en cambio, implica una multiplicidad de cuestiones y factores, algunos de los cuales pueden estar interrelacionados. Las relaciones entre objetos y personas son difíciles de entender, y un cambio en un lugar puede provocar cambios imprevistos en otro. En un mercado complejo, los cambios en los precios del gas, por ejemplo, afectan a los precios de muchos otros artículos que no están directamente relacionados. Por último, la ambigüedad surge por la falta de claridad y la consiguiente dificultad para comprender exactamente cuál es la situación. La información puede entonces malinterpretarse, y, en situaciones ambiguas, no todos los hechos están claros. En un mercado ambiguo no toda la información es pública y factores invisibles pueden afectar a los precios.

Hoy en día, generar confianza es, en general, cada vez más difícil, y la línea que la separa de la desconfianza es cada vez más fina y frágil. Por esta razón, es fundamental anticipar los riesgos y crear estrategias de prevención. Al mismo tiempo, como hemos visto, las nuevas tecnologías también están cambiando el juego, por lo que podemos preguntarnos legítimamente si la noción de confianza permanecerá intacta en este nuevo mundo.

Sin embargo, es necesario trabajar la confianza de modo continuo, porque solo trae resultados positivos. Reaccionamos mejor ante las crisis cuando tenemos confianza. Además, asistimos a un declive de la confianza en las instituciones y las personas que nos gobiernan. Todo va muy deprisa en este nuevo mundo, y el rápido cambio tecnológico, la aparición de nuevas necesidades y el miedo al futuro hacen vacilar esta confianza. Y es precisamente en esos momentos cuando la confianza es esencial y cuando debemos confiar en nosotros mismos e intentar confiar en los demás. Los meses de pandemia alejaron a unas personas de otras y, sin embargo, es precisamente la interacción social y física una parte esencial de la experiencia humana que fomenta la confianza.

Esta experiencia debe llevarnos a todos a pensar en nuevas formas de trabajar que, por ejemplo, beneficien a todos. Y también corresponde a nuestros dirigentes e instituciones pensar en recuperar nuestra confianza, porque no hay nada como las promesas incumplidas para provocar una pérdida de confianza.

En este nuevo mundo, la cuestión de la seguridad es central e intrínseca a la noción de confianza. Confianza digital: ¿pueden los empleados estar seguros de que su información está a salvo? ¿Pueden los consumidores confiar legítimamente en que sus transacciones, información y datos personales se tratarán de forma segura y confidencial? La seguridad y la confidencialidad de los datos son sin duda importantes cuestiones de confianza. Precisamente, en estos puntos asistimos a una evolución de la noción de confianza. Hoy en día, la privacidad digital es una nueva preocupación en el mundo del mañana.

La creación de confianza en la era actual —como el trabajo a distancia, la colaboración virtual, el aumento de la digitalización, la mayor flexibilidad para trabajar con socios y partes interesadas— puede dar lugar a cambios más permanentes para muchas organizaciones. Estos cambios variarán en función del sector, la empresa y la geografía, pero los líderes resistentes deben estar preparados para adaptarse, según sea necesario, para servir mejor a sus empleados y preparar a sus organizaciones para una nueva normalidad.

Equilibrar la confianza de las partes interesadas es una de las cosas más importantes que los líderes deben abordar en estos momentos, y deben hacerlo basando su visión y su propósito en la confianza, y ofreciéndola de forma eficaz, abierta, honesta y con intenciones claras. Si se hace bien, este enfoque tiene el potencial de acelerar la recuperación de una empresa, de permitirle prosperar y asegurar su futuro. Los tiempos de crisis son una oportunidad para liderar con confianza, y esto preparará mejor a las organizaciones de estos líderes para mantener la continuidad empresarial, aprender, fortalecerse y prosperar. Y lo mismo ocurre con nuestros dirigentes.

Para terminar, quiero repasar las seis palabras clave de la confianza: acción, adaptación, aceptación, confrontación, autoestima y autoeficacia.

• **Acción**

Lo importante es buscar a personas de confianza y saber identificarlas. No importa si encontramos a muchas que se nos resistan en la búsqueda. No nos quedemos en ellas y sigamos buscando.

Un niño con déficit de atención tenía dificultades para seguir el ritmo de las clases y tener éxito, se sentía torpe e incapaz. Tras años con esta sensación, sus padres decidieron investigar hasta descubrir las habilidades de su hijo en las que se sentía capaz y hábil. A los diecisiete años, descubrió que tenía una gran habilidad para tocar la guitarra y formó una banda. Se sentía seguro de sí mismo y nadie dudaba de la confianza que transmitía en el escenario. Esto lo ayudó a progresar en sus estudios.

• **Adaptación**
Se trata de regular la necesidad de aprobación de los demás, de pensar correctamente sobre las expectativas que los demás tienen de nosotros, sin sobrestimarlas ni temerlas.

Cuando Ana sale con sus amigas, o en la oficina, siempre presta atención a los demás: «Esperan que sea divertida, segura de mí misma, pero pensarán que soy torpe y aburrida. Seguro que lo he hecho mal». Sus colegas no piensan lo mismo, pero ella se siente cada vez más ansiosa. Ahora sabe que sus miedos no son ciertos por el mero hecho de tenerlos, se centra en disfrutar de lo que hace y ha dejado de intentar adivinar lo que los demás piensan o esperan de ella.

• **Aceptación**
Ajustar nuestro perfeccionismo. No debemos tener miedo de cometer errores y tenemos que decirnos a nosotros mismos que

no somos perfectos y que eso es normal, que el compromiso es con uno mismo y que lo hacemos lo mejor que podemos. Cuando doy conferencias, ya sea a estudiantes o a directivos de empresas, no tengo miedo a equivocarme o a no saber la respuesta, no pretendo ser perfecto; mi objetivo es conectar y comunicar de la mejor manera posible, lo que es útil y valioso para mis interlocutores. No tener miedo al fracaso tiene un efecto positivo: me permite centrarme más y mejor en mi trabajo.

- **Confrontación**

Afrontar los miedos. La reacción natural ante el miedo es huir, pero esto no nos permite aprender y desarrollar capacidades; enfrentarse a los miedos, en cambio, hará que sienta que avanza y le permitirá afrontar nuevos miedos cada vez con más confianza.

Belén insistió en repetidas ocasiones en que no podía hablar en público. Se había dicho a sí misma tantas veces «no puedo» que había evitado todas las oportunidades de poner a prueba realmente su rendimiento. Un día se vio obligada a hacer una presentación profesional y me pidió que la ayudara a sobrellevarlo. Después de unas cuantas sesiones, cuando vi que se sentía cómoda, le pedí que hiciera la presentación delante de mí. Aunque debo decir que esperaba que lo hiciera bien, me sorprendieron su habilidad y destreza. Ahora, cada vez que tiene la oportunidad de hablar en público, demuestra que ha perdido el miedo, y está desarrollando su capacidad de comunicación y su confianza.

• **Autoestima**

Tener autoestima significa conocer las cualidades y debilidades propias y aceptarlas, y esta aceptación ayuda a normalizar lo que no tenemos, los fallos propios, a tomar conciencia de las cualidades que se poseen y a valorarlas.

Sonia no se siente segura a pesar de ser como es. Trabaja bien, tiene buen carácter, sabe manejar cualquier problema, pero tiene miedo de reconocer y aceptar su orgullo y rigidez, y se pone a la defensiva. Sin ser consciente de ello, crea un mal ambiente a su alrededor. Si reconociera este aspecto de su personalidad, su orgullo, podría aprender a aceptarlo, a conocerlo mejor y a regularlo. Ha empezado a hacerlo, y ahora se dice a sí misma: «Tengo defectos, pero en general soy normal, y cada vez tengo más confianza en mí misma, aunque haya cosas que se puedan mejorar».

• **Autoeficacia**

Según la definición de Bandura de 1986, la autoeficacia es la «creencia personal de que uno posee la capacidad necesaria para realizar con éxito las conductas requeridas para lograr determinados resultados», y los psicólogos consideran que este es uno de los aspectos más importantes de la confianza en uno mismo. Muchas personas se sienten «atadas», incapaces de hacer nada en su vida, pues creen que las circunstancias o los demás determinan lo que les ocurre o cómo se sienten. Para no sentirnos así, debemos aprender a identificar en cada situación la parte que depende de nosotros, y actuar poniendo nuestro empeño en encontrar soluciones.

Dos compañeros se encuentran en una situación estresante. Los responsables de un departamento son poco claros y contradictorios en sus instrucciones, y su comunicación es agresiva. Beatriz piensa que los jefes son un desastre y que no puede seguir así. Cree que no puede hacer nada, que su malestar es consecuencia del trato que recibe y está convencida de que, si la despiden, no encontrará trabajo. Su compañera, María, opina, en cambio, que sus jefes no le dan instrucciones claras, pero que es ella quien debe pedirlas, y que se las arreglará para hacer bien sus tareas. Ha decidido entrenar su asertividad para manejar mejor la situación y responder a la comunicación agresiva que tienen con ella. Es asertiva y profesional, y no tiene miedo a perder su trabajo, y sabe que, si la despiden, será cuestión de hacer horas de formación y buscar otro empleo. Siente que tiene el control.

La confianza es, pues, el elemento clave para nuestro éxito personal y colectivo. Sin confianza no tenemos buenas relaciones interpersonales, ni buena reputación, ni buenas perspectivas de futuro. La pregunta clave es entonces: ¿cómo inspirar confianza? En este libro hemos tratado de responder a esta pregunta, y hemos llegado a demostrar que la respuesta está en cada uno de nosotros, en cada momento y en cada contexto.

Deseo al lector un feliz camino hacia la confianza en sí y la confianza en los otros.

Agradecimientos

A Valérie Chèze-Masgrangeas, por inspirarme a través de nuestros intercambios sobre el tema y ayudarme a dar forma a todas estas ideas para la redacción de este libro.

A Raquel Rubio, por el apoyo y la colaboración diaria con todos nuestros proyectos.

A todo el equipo y clientes de CEFNE (Center For Negotiation y Talent Premium Group), por nuestro trabajo diario.

A mis colegas profesores universitarios, por nuestros intercambios sobre estos temas.

A todos los miles de participantes en mis formaciones en más de cuarenta países en cinco continentes.

A todos vosotros.

Gracias.

Bibliografía

Botsman, Rachel, *Who Can You Trust?: How Technology Brought Us Together and Why It Might Drive Us Apart*. PublicAffairs, 2017.

Brown, Brené, *Daring Greatly: How the Courage to Be Vulnerable Transforms the Way We Live, Love, Parent, and Lead*, Avery, 2012. [Hay trad. en cast.: *El poder de ser vulnerable: ¿Qué te atreverías a hacer si el miedo no te paralizara?*, Urano, 2016.]

Cabane, Olivia Fox, *The Charisma Myth: How Anyone Can Master the Art and Science of Personal Magnetism*, Portfolio, 2012. [Hay trad. en cast.: *El mito del carisma*, Empresa Activa, 2012.]

Carnegie, Dale, *How to Win Friends and Influence People*, Gallery Books, 1998. [Hay trad. en cast.: *Cómo ganar amigos e influir sobre las personas*, Elipse, 2009.]

Cialdini, Robert B., *Influence: The Psychology of Persuasion*, Harper Business, 2006. [Hay trad. en cast.: *Influencia. La psicología de la persuasión*, HarperCollins Ibérica, 2022.]

Covey, Stephen R., *The 7 Habits of Highly Effective People: Powerful Lessons in Personal Change*, Free Press, 1989. [Hay trad. en cast.: *Los 7 hábitos de la gente altamente efectiva*, Paidós Ibérica, 2015.]

—, *The Speed of Trust: The One Thing That Changes Everything*,

Free Press, 2006. [Hay trad. en cast.: *La velocidad de la confianza: El valor que lo cambia todo*, Paidós, 2011.]

Coyle, Daniel, *The Culture Code: The Secrets of Highly Successful Groups*, Bantam, 2018. [Hay trad. en cast.: *Cuando las arañas tejen juntas pueden atar a un león: El secreto de los equipos de más éxito del mundo*, Conecta, 2018.]

Dalio, Ray, *Principles: Life and Work*, Simon & Schuster, 2017. [Hay trad. en cast.: *Principios*, Deusto, 2018.]

Duhigg, Charles, *The Power of Habit: Why We Do What We Do in Life and Business*, Random House, 2012. [Hay trad. en cast.: *El poder de los hábitos*, Urano, 2012.]

Esteves, Kelli J., *Leading with Trust: How to Build Strong School Teams*, Teachers College Press, 2016.

Fagerlin, Richard, *Trustology: The Art and Science of Leading High-Trust Teams*, Sandler Training, 2019.

Feltman, Charles, *The Thin Book of Trust: An Essential Primer for Building Trust at Work*, Thin Book Publishing Company, 2009.

Flores, Fernando, y Solomon, Robert C., *Building Trust: In Business, Politics, Relationships, and Life*, Oxford University Press, 2003.

Fukuyama, Francis, *Trust: Human Nature and the Reconstitution of Social Order*, Free Press, 1995. [Hay trad. en cast.: *Trust: la confianza*, Ediciones B, 1998.]

—, *Trust: The Social Virtues and the Creation of Prosperity*, Free Press, 1995. [Hay trad. en cast.: *Confianza (Trust): las virtudes sociales y la capacidad de generar prosperidad*, Atlándida, 1996.]

Galloway, Scott, *The Four: The Hidden DNA of Amazon, Apple, Facebook, and Google*, Portfolio, 2017.

Goldstein, Noah J.; Martin, Steve J., y Cialdini, Robert, *Yes!: 50 Scientifically Proven Ways to Be Persuasive*, Free Press, 2008. [Hay trad. en cast.: *¡Sí!: Cómo influir y persuadir para alcanzar tus objetivos*, LID, 2020.]

Grant, Adam, *Give and Take: Why Helping Others Drives Our Success*, Viking, 2013. [Hay trad. en cast.: *Dar y recibir: Por qué ayudar a los demás conduce al éxito*, Gestión 2000, 2014.]

Kahneman, Daniel, *Thinking, Fast and Slow*, Farrar, Straus and Giroux, 2011. [Hay trad. en cast.: *Pensar rápido, pensar despacio*, Debate, 2012.]

Lencioni, Patrick, *The Five Dysfunctions of a Team: A Leadership Fable*, Jossey-Bass, 2002. [Hay trad. en cast.: *Las cinco disfunciones de un equipo*, Empresa Activa, 2022.]

Maxwell, John C., *Winning with People: Discover the People Principles that Work for You Every Time*, Thomas Nelson, 2005.

Pink, Daniel H., *Drive: The Surprising Truth About What Motivates Us*, Riverhead Books, 2009. [Hay trad. en cast.: *La sorprendente verdad sobre qué nos motiva*, Gestión 2000, 2011.]

—, *To Sell Is Human: The Surprising Truth About Moving Others*, Riverhead Books, 2013. [Hay trad. en cast.: *Vender es humano: La sorprendente verdad sobre cómo convencer a los demás*, Gestión 2000, 2013.]

Sinek, Simon, *Leaders Eat Last: Why Some Teams Pull Together and Others Don't*, Portfolio, 2014. [Hay trad. en cast.: *Los líderes comen al final*, Empresa Activa, 2017.]

—, *Start with Why: How Great Leaders Inspire Everyone to Take Action*, Portfolio, 2009. [Hay trad. en cast.: *Empieza con el porqué*, Empresa Activa, 2018.]

Thiel, Peter, *Zero to One: Notes on Startups, or How to Build the*

Future, Crown Business, 2014. [Hay trad. en cast.: *De cero a uno: Cómo inventar el futuro*, Gestión 2000, 2015.]

Whitbrook, Donna, *Trusted: The Human Approach to Building Outstanding Client Relationships in a Digitized World*, Lid Publishing, 2018.

Zak, Paul J., *Trust Factor: The Science of Creating High-Performance Companies*, AMACOM, 2017.

Su opinión es importante.
En futuras ediciones estaremos encantados
de recoger sus comentarios sobre este libro.

Por favor, háganoslos llegar a través de nuestra web:

www.plataformaeditorial.com

Para adquirir nuestros títulos,
consulte con su librero habitual.

«*I cannot live without books*».
«No puedo vivir sin libros».

THOMAS JEFFERSON

Desde 2013, Plataforma Editorial planta un árbol
por cada título publicado.